플랫폼 경제
무엇이
문제일까?

플랫폼 경제, 무엇이 문제일까?

1판 4쇄 발행 2024년 7월 16일

글쓴이 한세희

편집 김지현
디자인 김민하

펴낸이 이경민
펴낸곳 ㈜동아엠앤비
출판등록 2014년 3월 28일(제25100-2014-000025호)
주소 (03972) 서울특별시 마포구 월드컵북로22길 21 2층
홈페이지 www.dongamnb.com
전화 (편집) 02-392-6901   (마케팅) 02-392-6900
팩스 02-392-6902
SNS [f] [◎] [blog]
전자우편 damnb0401@naver.com

ISBN 979-11-6363-539-0 (44300)
979-11-87336-40-2 (세트)

플랫폼 경제
무엇이
문제일까?

스마트폰 앱이
쏘아 올린 공유경제,
시장을 독점하다!

한세희 지음

동아엠앤비

오늘을 사는 청소년들은 '모바일 네이티브' 세대입니다. 날 때부터 스마트폰을 보며 자랐고, TV를 보는 시간보다 휴대폰으로 유튜브를 보는 시간이 더 많습니다. 친구에게 할 말이 있으면 바로 페이스북 메시지를 보내고, 궁금한 것이 생기면 네이버 앱을 열지요. 저녁에는 가족과 간편하게 저녁을 먹기 위해 배달의민족 앱에서 근처 맛집을 찾습니다.

스마트폰 덕분에 우리는 항상 인터넷에 연결된 상태로 살고 있으며, 더 많은 정보, 더 많은 사람을 언제든 접할 수 있습니다. 궁금한 정보, 먹고 싶은 치킨, 내일 필요한 물건, 빨리 불러야 하는 택시 모두 손안에서 해결 가능하지요. 스마트폰이 나오기 전, 불과 15년 전만 해도 배달의민족이나 쿠팡, 카카오T 택시 호출 같은 모습은 상상하기 어려웠습니다.

우리 생활 속에서 이런 변화가 일어난 원인은 여러 가지를 꼽을 수 있습니다. 하지만 크게 보았을 때, 기술적으로는 5세대(5G) 통신

이나 LTE 같은 빠르고 안정적인 모바일 통신 기술과 손안의 컴퓨
터인 스마트폰 제조 기술을, 우리가 일상에서 접하는 서비스로는
플랫폼 경제의 등장을 꼽을 수 있지요.

특히 모바일 기술의 장점을 최대한 활용해 사람들에게 편리함
을 주는 플랫폼 경제는 우리 삶의 모습을 크게 바꿔놓았습니다.
시간과 공간의 제약을 초월해 수많은 사람을 연결할 수 있는 플랫
폼은 정보와 사람의 흐름을 매우 빠르고 효율적으로 만들었습니
다. 그래서 우리는 집 앞에 세워져 있던 승용차나 아들이 군대 가
비어 있는 방, 옷장에 쌓여 있는 안 입는 옷들을 다른 사람들과
거래할 수 있게 되었지요. 그렇습니다. 여러분도 한 번쯤 들어보았
을 우버, 에어비앤비, 당근마켓 이야기입니다. 마치 나의 남는 물건
과 공간을 다른 사람과 '공유'하는 듯한 효과를 일으킨 것은 이런
플랫폼 기업의 힘입니다.

배달의민족은 식당과 손님과 오토바이 배달 기사를, 쿠팡은

판매자와 소비자를 효율적으로 연결해주었습니다. 그 결과 우리가 좋아하는 짜장면과 피자 외에도 수없이 다양한 음식을 배달로 집에서 먹을 수 있게 되었고, 오늘 최저가로 주문한 물건을 오늘 택배로 받아볼 수 있게 되었지요.

IT 기술을 바탕으로 한 이들 플랫폼 기업은 이제 세계 경제의 주역이 되었습니다. 해외에서는 애플, 구글, 페이스북, 아마존 같은 기업이, 국내에서는 네이버나 카카오, 쿠팡 같은 기업이 가장 크고 빠르게 성장하는 기업입니다. 사람들이 가장 취업하고 싶어 하는 곳이기도 하지요. 이들은 전통적 기업의 한계를 극복하고, 세계를 빠르게 디지털 중심으로 변화시키고 있습니다. 소수의 IT 플랫폼 기업들이 과장을 조금 보태 세계를 지배한다고 해도 과언이 아니지요.

이러한 플랫폼의 성장은 당연히 문제도 불러일으킵니다. '몇 안 되는 플랫폼 기업의 사업 방식이나 경제 논리에 대다수의 사람이 영향을 받고 휘둘리는 것이 정당한가'라는 의문을 낳기도 합니다. 무료 서비스로 시장을 독점한 후, 경쟁이 약해진 상태에서 수수료를 올리거나 좋지 않은 영업 조건을 강요하기도 하지요. 인공지능 알고리즘으로 배달 기사의 활동을 통제하고, 무리한 업무를 강제한다는 비판도 나옵니다.

문제는 앞으로도 디지털 기술의 발전과 함께 플랫폼의 성장이 당분간은 지속된다는 점입니다. 전통적 사회구조를 디지털 중심으로 바꿔나가는 과정에서 많은 갈등과 충돌도 예상되는데요.

우리 청소년들은 이렇게 변화한 세상에서 직업을 찾고 자신의 일과 소명을 발견해야 합니다. 그리고 변화의 흐름을 이해하고 최대한 활용해야 하지요.

이 책은 우리의 삶에 큰 영향을 미치고 있고, 앞으로도 영향을 미칠 큰 변화의 흐름을 공유경제와 플랫폼 경제를 키워드로 이해하는 데 도움을 주기 위해 썼습니다. 공유경제, 플랫폼 경제 등 알 듯 말 듯 헷갈리는 개념들을 정리하고, 미래를 준비하는 데 참고가 되기를 바랍니다.

한세희

차례 ....

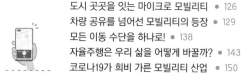

1부

공유경제?
플랫폼 경제?
개념 먼저 잡기!

새로운 경제의 등장

최근 자주 들리는 말이 공유경제다. 흔히 자신이 가진 물건 중 당장 쓰지 않는 것을 일시적으로 다른 사람들과 나누어 쓰는 활동을 뜻한다고 여겨진다. 지금 당장 쓰지 않는 물건은 자동차나 집일 수도 있고, 옷일 수도 있다. 혹은 다른 어떤 것일 수도 있다. 자동차를 공유하는 것이 '우버', 집을 공유하는 것이 '에어비앤비'다. 모두 요즘 뉴스에 많이 등장하는 기업들이다.

그런데 공유경제란 말은 좀 이상하다. 공유라고 하면 내가 가진 것을 다른 사람들과 나누는 것이 떠오른다. 나눔은 돈을 버는 것과는 별개의 일이다. 하지만 우버나 에어비앤비는 돈을 번다. 우버 기사나 에어비앤비 집 주인도 돈을 번다. 개인 차량을 이용해 필요한 때 사람을 태우도록 하는 우버 같은 회사가 공유경제의 대명사로 언론에 오르내리는데, 우버와 비슷한 차량 호출 서비스를 표방했던 우리나라의 '타다'는 자체적으로 보유한 차량만 운행했다(자세한 내용은 163쪽에서 알아보자). 이건 공유라고 하기 어렵다.

스마트폰 앱으로 자전거를 빌려 타는 서울시의 '따릉이'는 어떨까? 요즘 길을 다니다 보면 따릉이를 탄 사람을 흔하게 볼 수 있다. 따릉이는 서울시가 구매해 시내 곳곳에 배치해 놓은 자전거를 사람들이 빌려 타는, 시가 운영하는 자전거 대여 사업인 셈이다. 많은 사람들이 따릉이를 '공유 자전거'라고 부른다.

또 우버나 에어비앤비 같은 회사를 부르는 말로 요즘 많이 쓰이는 것이 '플랫폼 기업'이다. 보통 서비스를 공급하려는 사람과 서비스를 쓰고 싶은 고객을 서로 연결시켜준다는 의미로 쓰인다.

치킨을 주문할 때 많이 쓰는 '배달의민족' '요기요' 같은 앱도 음식점과 손님을 연결해준다는 점에서 플랫폼이라고 할 수 있다. 우버나 배달의민족이나 모두 '이동'을 중심으로 서비스를 하며 고객을 목적지나 목적물과 연결한다는 공통점이 있다. 우버는 운전기사가 손님을 목적지까지 이동시켜주고, 배달의민족은 오토바이 기사가 치킨을 손님에게 배달해준다. 외관상 매우 비슷해 보인다. 하지만 배달의민족 역시 공유와는 거리가 멀다.

위에서 예로 든 기업들은 모두 겉모습은 닮아 보이지만 속은 다르다. 하지만 중요한 공통점이 있다. 고객이 필요할 때 바로 서비스를 제공하거나 물건을 배달해줄 수 있다는 점이다. 가게를 방문하거나 길거리에 서서 택시를 기다리지 않아도, 스마트폰만 집어들면 원하는 것을 쉽게 요청하고 곧 손에 넣을 수 있다.

이런 것을 '온디맨드(on-Demand)' 서비스라 부른다. 수요가 생기면 즉시 대응한다는 뜻이다. 이 말은 예전에는 케이블방송이나 인터넷방송에서 시청자가 원하는 프로그램을 골라 볼 수 있는 기능을 뜻했다. 방송국이 송출하는 프로그램을 일방적으로 시청하는 일반 방송과는 달리, 시청자의 '요구'에 따라 각자 다른 프로그램을 볼 수 있다는 의미다. 온디맨드 역시 일반적 의미의 나눔과는 거리가 있어 보인다.

하지만 나눔, 플랫폼, 온디맨드 등 서로 다른 개념들이 오늘날 우리가 흔히 사용하는 서비스에 한데 녹아 있다. 이런 혼란이 오는 것은 아직까지 공유경제의 개념이 명확하지 않고, 사람들이 흔히 스마트폰을 이용해 원하는 것을 빠르게 얻을 수 있는 앱이나 인터넷 서비스를 뭉뚱그려 '공유경제'라고 부르기 때문이다.

이렇게 서로 조금씩 다른 개념들이 서로 뭉뚱그려진 주요한 이유로 스마트폰의 등장을 들 수 있다. 스마트폰이 확산되면서 우리는 언제 어디서나 누구든지 인터넷에 연결된 고성능 컴퓨터를 하나씩 들고 다니는 것처럼 됐다. 이것은 우리의 일과 삶의 속도를 예전과는 비교할 수 없이 빠르고 효율적으로 만들어주었다.

집에 남는 방이 있다면? 누구나 스마트폰이 있으니 숙박 공유 사이트에 올리면 빠르게 우리 동네에 여행 와서 며칠 묵을 사람을 찾을 수 있다. 길에서 택시를 잡고 있다면? 스마트폰 위치 정보를 바탕으로 가장 가까운 장소에서 보내진 차에 곧 탑승할 수 있다. 출출할 때는? 스마트폰을 들어 근처 치킨집 메뉴와 리뷰를 살펴보고, 버튼을 눌러 간단하게 주문할 수 있다.

공유, 플랫폼, 온디맨드 서비스는 모두 예전부터 있던 것들이었다. 하지만 스마트폰이 나오고, 스마트폰을 통해 세계 모든 사람들이 인터넷 네트워크로 연결되면서 이 모든 것들이 더욱 쉬워지고 더욱 활발해졌다. 네트워크를 통해 서로 공유하고 필요에 따라 즉시 서비스를 제공하기 편해졌다. 자연스럽게 거래를 더욱 편리하고 안전하게 할 수 있는 플랫폼이 등장하게 됐다.

가장 대표적인 예가 우버다. 우버는 내 차를 쓰지 않을 때 다른 사람을 위해 운전해주고 돈을 번다는 점에서 '공유' 서비스이며, 모바일앱으로 호출만 하면 가장 가까이 있는 차가 빠르게 내 앞으로 온다는 점에서 '온디맨드' 서비스이다. 또 운전을 하려는 기사와 이동을 하려는 손님들을 서로 연결해준다는 점에서 '플랫폼'이기도 하다.

우버가 나온 것은 2009년, 애플 사의 아이폰이 등장해 스마트폰 열풍이 불고 모바일 혁명이 불붙던 시기와 일치한다. 우버가 선보인 차량 이용 방식에서 가장 새로웠던 부분은 자기 차량을 남을 위해 제공한다는 점이었다. 여기에 초점을 맞춰 사람들이 우버를 '차량 공유' 서비스라고 인식하면서, 공유경제라는 용어가 본래의 범위를 넘어 모바일 시대 고객의 수요에 빠르게 대응하는 플랫폼 중심 경제활동을 포괄하는 용어로 굳어졌다.

이러한 공유경제, 혹은 플랫폼 경제는 과거 제조업 중심의 전통적 경제구조와는 다른 새로운 사회 모습을 만들어내는 원동력 중 하나다. 2000년대 초반 초고속인터넷 보급으로 인한 인터넷 혁명에서 한 단계 더 나아가 우리의 일상과 일하는 방식을 뿌리부터 흔들고 있다.

공유경제는 단지 치킨을 더 편하게 배달시켜 먹는 것만 의미하지 않는다. 공유경제에 대한 이해는 우리가 사는 세상의 변화를 이해하는 중요한 열쇠가 되며, 특히 미래 사회에 달라진 환경에서 일하며 살아가야 할 청소년들이 무엇을 고민하고 무엇을 준비해야 할지 생각하는 바탕이 될 것이다.

공유경제란 무엇일까?

우선 가장 널리 쓰이는 공유경제(Sharing Economy)라는 용어부터 살펴보자. 사실 공유경제가 무엇인지에 대해서도 여러 학자들이 서로 다른 의견을 갖고 있어 통일된 정의를 찾기는 어렵다. "공유경제는 공유된 정의가 없다"라는 말이 나올 정도다. 대략 "어떤 대상을 완전히 소유하거나 다른 사람들을 제외하고 나만 이용하기보다는 다른 사람과 나누거나 함께 이용해 가치를 높이는 방식의 경제활동"을 뜻한다고 할 수 있다.

공유는 영어단어 'Share'를 번역한 말이다. 보다 직접적인 우리말 표현은 '나눔'이다. 무언가를 다른 사람과 나눠 갖거나 나눠 쓰는 것을 말한다. 다른 사람의 생각이나 감정에 공감하거나 다른 사람과 이야기를 할 때에도 '나눈다'라고 표현한다. 그런 의미에서 공유경제는 "부분적인 소유권, 이용권, 또는 향유권을 주고받는 경제, 혹은 구성원들이 공동으로 소유 및 사용하거나 향유하는 경제"라고 할 수 있다.

경제는 돈을 매개로 물건을 사고팔거나 서비스를 이용하는 것을 기반으로 한다. 이런 과정에서 보통 우리는 물건을 소유하거나 독점적으로 이용하는 것을 생각한다. 하지만 세상살이가 모두 돈이나 소유의 문제는 아니다. 사람들 사이의 자발적 나눔이나 협력도 중요한 역할을 하기 때문이다. 공유경제는 바로 이러한 부분의 가치와 중요성에 초점을 맞춰 세상을 바라본다.

이러한 의미의 공유경제 개념을 제시한 사람이 미국 하버드대학교 교수인 로런스 레시그(Lawrence Lessig)이다. 그가 말하는 공유경제란 돈이 아니라 인간관계나 만족감을 매개로 하는 경제다. 전통적이고 일반적인 화폐경제나 상업경제와 반대되는 형태의 경제다. 사람들 사이의 사회적 관계가 중요한 역할을 하며, 여기에서는 돈을 주고받는 것이 오히려 의미를 해친다.

화폐경제, 상업경제 그리고 공유경제는 모두 사회의 한 부분이다. 예를 들어, 이사하면서 친구들이 짐 나르는 것을 도와주었다고 하자. 우리는 이사가 끝난 후 고마운 친구들에게 짜장면과 탕수육을 시켜 주고 나눠 먹을 것이다. 만약 돈을 준다면 친구들이 도리어 화를 낼지도 모른다. 반면 이삿짐센터 직원들에게 돈을 안 주고 짜장면을 시켜 준다면 경찰서에 가게 될 것이다.

이런 관계는 주로 전근대사회나 혈연관계에서 볼 수 있다. 하지만 인터넷이 발달하면서 공유경제의 가능성이 새롭게 드러나기 시작했다. 인터넷에서는 사람들이 자발적으로 지식과 경험을 나누고, 금전적 대가 없이도 새로운 것을 만들고 공유하는 일들이 종

전통경제와 공유경제의 비교

전통경제	공유경제
소유	공유
자원 고갈	자원절약
이윤 창출	가치 창출
경쟁	신뢰
과잉 소비	협력적 소비

자료: 부산발전연구원

종 일어난다. 위키피디아나 나무위키 같은 위키 사이트는 자발적으로 설명을 채운 수많은 사람들의 노력으로 브리태니커(1771년 창간한 영국의 백과사전)보다 더 많은 항목을 가진 세계 최대의 백과사전이 되었다. 누구나 궁금한 것을 질문하고 다른 사람의 질문에 답하는 네이버 지식인은 오늘날 세상 거의 모든 문제의 해결책을 알려준다. 애써 만든 소프트웨어를 공개해 누구나 무료로 쓸 수 있게 하고, 여러 사람이 참여해 문제를 개선해나가는 오픈소스(Open Source) 소프트웨어는 IT 산업의 혁신을 일으키는 원동력이다. 소소하게는 우리가 인터넷에서 본 재미있는 사진이나 영상을 카카오톡으로 친구에게 보내는 것도 공유다.

이는 인터넷을 통해 세계 각지의 수많은 사람들과 교류하게 되고, 개인이 만든 것이 세계 곳곳의 비슷한 관심사를 가진 사람들에게 알려질 수 있게 되었기 때문이다. 관심과 취미를 공유하는 사람들과 교류하고 새로운 것을 함께 만들어나가는 경험은 돈을 주고받는 것보다 더 큰 만족을 줄 수 있다.

공유경제와 비슷한 의미로 쓰이는 말로 '협력 경제(Collaborative Economy)'나 '동료 경제(Peer Economy)' 등이 있다. 흔히 유명 연예인과 브랜드가 손잡고 상품을 내놓거나 이벤트를 하는 것을 '컬래버한다'고 말하는데, 이때의 협력(Collaboration)이란 서로 다른 분야의 사람들이 공동으로 작업하는 것을 뜻한다. 협력 경제는 느슨하게 연결된 개인들이 서로 힘을 모아 생산이나 소비를 하는 형태다. 동료 경제 역시 학교나 직장의 친구, 동료 등을 의미하는 'Peer'라는 말처럼 서로 대등한 개인 간의 협력관계를 바탕으로 한 경제를 뜻한다.

미국의 '쿼키(Quirky)'라는 회사를 협력적 생산을 시도한 대표적인 사례로 볼 수 있다. 한 회원이 신제품에 대한 아이디어를 제안하면 다른 회원들이 그 아이디어에 대해 의견을 밝히며 피드백한다. 쿼키는 회원들의 평가와 반응을 바탕으로 수요를 예측하고, 다른 기업과 연결해 아이디어를 반영한 제품들을 만든다.

금융기관을 거치지 않고 여러 사람이 조금씩 돈을 모아 큰 프로젝트에 투자하고 수익을 나눠 갖는 P2P 금융은 공유 개념을 금융에 접목한 것이다. 필요 없거나 자주 쓰지 않는 물건을 나누어

공유경제와 유사한 개념들

구분	개념
협력 경제 (공동경제, Collective Economy)	• 소비자들이 서로 공급된 재화와 서비스에 대해 의견을 나누던 소셜미디어 경제가 진화해, 플랫폼을 매개로 소비자들끼리 재화와 서비스를 공급하는 단계. • 가격, 편의성, 브랜드가 주요 경쟁력이 되며, 기존의 기업들 역시 플랫폼 론칭을 통해 시장지배력을 유지할 수 있음.
동료 생산 (Peer Production)	• 집중화된 대규모 물적 자본이 아닌 소규모 물적 자본으로 생산될 수 있는 재화나 서비스에 대해 물적 자본의 공유를 통해 사회 기반 생산이 이뤄지는 것. • 그리드컴퓨팅(계산능력을 극대화하며 여러 장비를 인터넷을 통해 공유하려는 새로운 분산컴퓨팅 모델), 공개 소프트웨어 제작에서 볼 수 있음.

자료: KDB산업은행

소비할 수도 있다. 여행객에게 일시적으로 빈방을 빌려주거나 사놓고 안 입는 옷을 다른 사람이 빌려 입도록 할 수도 있다.

공유경제는 기존의 화폐경제에 새로운 변화를 일으킬 수 있다. 우선 효율성이 높아진다. 놀고 있는 물건이나 자산을 필요한 사람이 더 많이 쓰게 되기 때문이다.

예를 들어, 승용차는 하루의 90% 이상을 주차장에 선 채로 보낸다. 영국왕립자동차클럽재단이 세계 84개 도시를 대상으로 조사한 결과, 승용차의 하루 운행 시간은 평균 61분이었다. 이 차를 필요한 사람이 빌려 쓰면 자동차의 운행 효율을 높일 수 있다. 자동차를 살 돈이 없는 사람도 필요할 때 적은 부담으로 쉽게 차를 이용할 수 있다.

또 이렇게 되면 운행되는 차량의 숫자가 줄어 교통이 좋아지고, 자동차 제조에 필요한 자원을 아낄 수 있다. 생산과정에서 환경오염도 줄어든다. 대량생산, 대량소비라는 현대적 삶의 방식에 변화를 불러올 수 있다. 미국 미시간대학교 자동차산업연구소는 2021년 기준 공유 차량 1대가 미국에서 7.75대, 유럽에서 2.71대, 아시아와 오세아니아 지역에서 2.78대의 자가용을 대체할 것으로 전망했다.

다양한 사람이 시장에 참여할 수 있게 되면 다양성도 높아진다. 에어비앤비를 통해 여행지의 일반 가정에 머물면 호텔에 묵는 것보다 훨씬 다채로운 현지 생활을 체험할 수 있다. 크라우드펀딩을 활용하면 기업이 아니라 개인도 특이한 아이디어를 현실로 만들 수 있다.

공유경제는 이처럼 생산과 소비의 효율을 높일 수 있으며, 이를 통해 자원절약과 환경보호 등의 효과도 얻을 수 있다. 수익을 전제로 하지 않은 자발적 관계라는 의미의 공유경제를 추구하는 사람들은 한발 더 나아가 공동체의식 회복, 지역경제 활성화 등의 가치까지 목표로 한다. 이윤을 최대한 많이 얻는 것보다는 사회적 가치를 창출하는 데 중점을 둔다. 우리나라에서도 서울시를 비롯한 여러 지방자치단체가 이런 의미의 공유경제에 관심을 가지고 정책을 추진 중이다.

현재 공유경제는 영리를 추구하지 않는 사회적 교환이라는 최초의 의미를 벗어나 다양하게 쓰이고 있다. 차량 공유나 숙박 공유와 같이 돈을 벌기 위해 물건이나 자산, 서비스 등을 다른 사람에게 제공하는 것도 모두 공유경제로 통한다. 인터넷이나 스마트폰을 통해 물건이나 자산을 쉽고 빠르게 이용하는 온디맨드나 플랫폼 서비스까지 모두 공유경제로 불린다. 엄밀히 따지면 이들을 각기 구분하는 것이 정확하겠으나, 이미 이들을 구분하지 않는 것으로 거의 쓰임새가 굳어진 상황이다(이 책에서는 최대한 용어를 구분해 사용하겠지만, 때로 문맥에 따라 온디맨드 서비스나 플랫폼 경제 등을 포괄하는 의미로 공유경제를 쓰는 경우도 있을 것이다).

공유경제가 상업적 경제활동까지 포괄하는 의미로 쓰이게 되면서 공유경제 본연의 의미가 퇴색되었다고 아쉬워하는 의견도 있다. 돈을 매개로 하지 않는 자발적 거래가 특징인 공유경제에 영리를 목적으로 하는 사람이나 기업들이 뛰어들면서 통상적인 비즈니스가 되어버렸다는 주장이다.

공유경제가 사람들의 사회적 관계를 바탕으로 일반적 화폐경제와 다른 새로운 삶의 방식을 가능케 하는 것은 사실이다. 반면, 공유경제의 사업화를 통해 시장에서 사람들이 원하고 필요로 하는 가치를 더 많이 제공할 수 있게 되는 것도 사실이다. 더 많은 가치를 더 부담 없이 많은 사람에게 줄 수 있는 것이 시장의 힘이다.

오늘날 공유경제가 활성화된 것은 공유의 가치가 과거보다 커졌기 때문이라기보다는 공유를 가능하게 하는 기술들이 널리 퍼졌기 때문이다. 스마트폰의 보급, 모바일 인터넷의 확산, 빅데이터를 분석하는 소프트웨어의 발달 등이다. 공유가 먼저 있던 것이 아니라, 이 같은 기술 발달의 결과가 '공유'라는 형태로 가장 먼저 드러났다고 볼 수 있다. 공유가 일상과 비즈니스, 사회 전반으로 확대되면서 온디맨드 경제, 플랫폼 경제 등으로 모습을 바꿔나가는 셈이다. 공유에서 시작한 사회의 변화가 계속 영역을 확대해나가고 있다.

이제 온디맨드 경제와 플랫폼 등에 대해 알아보도록 하자.

공유에서 수요 중심으로

텔레비전을 본다고 생각해 보자. 방송국에서 프로그램을 송출하면 우리는 집에서 TV로 영상신호를 받아 방송을 본다. 채널은 선택할 수 있지만 채널에서 나오는 방송은 선택할 수 없다. 편성은 방송국이 하고 시청자는 일방적으로 수용하는 일방향성이 방송의 특징이다.

하지만 케이블 TV에서 유료 채널을 신청하면 어느 때나 원하는 프로그램이나 영화를 볼 수 있다. 이렇게 시청자가 자기 뜻에 따라 고른 프로그램을 볼 수 있는 방송을 온디맨드 TV라고 부른다. 주문형 영상(VoD, Video on Demand)이라고도 한다. 주로 방송에서 많이 쓰이는 말이지만, 소비자가 필요로 할 때 즉시 제품이나 서비스를 공급하는 방식을 통틀어 온디맨드라고 한다.

최근 들어 온디맨드 서비스가 폭발적으로 늘어나고 있다. 스마트폰을 통해 누구나 필요한 것을 주문하고 바로 얻을 수 있기 때문이다. 모바일앱을 이용한 배달 음식 주문이 대표적이다. 오랫동

안 배달 음식 주문에 가장 많이 사용된 것은 전화였다. 우리는 중국집이나 치킨집에 전화를 걸어 주문하곤 했다. 그 후에 인터넷 홈페이지에 들어가 주문을 하는 방법도 나왔다.

이때는 피자나 치킨을 주문하려면 먼저 원하는 음식점의 전단지를 찾은 후 전화를 걸거나 컴퓨터 앞에 앉아 홈페이지에 접속해야 했다. 이미 알고 있는 식당 외 다른 배달 음식점의 정보를 찾기는 쉽지 않았다.

하지만 스마트폰이 나오고 배달 음식 주문을 위한 모바일앱이 나오면서 우리는 주문의 모든 과정을 손끝에서 해결할 수 있게 되었다. 스마트폰은 늘 소지하는 물건이라 필요할 때 언제든 앱을 열 수 있다. 인근 배달 음식점 메뉴와 가격 정보는 물론, 사용자 리뷰까지 모두 볼 수 있다. 우리가 평소 모르던 맛집 정보도 쉽게 찾아볼 수 있다.

우버, 타다와 같은 차량 혹은 택시 호출 서비스도 마찬가지다. 길거리에 나가 택시를 기다리지 않아도 된다. 기사에게 목적지를 설명할 필요도 없다. 앱을 실행해 목적지를 입력하면 기사가 배정되어 내가 있는 곳으로 온다. 미리 등록된 신용카드 정보로 자동 결제가 되기 때문에 목적지에 도착하면 바로 내리면 된다. 소비자가 원하는 것을 그 자리에서 즉시 실행할 수 있는 온디맨드 서비스다. 위치 정보를 확인할 수 있는 스마트폰의 등장은 이 같은 차량 호출 서비스의 등장에 큰 역할을 했다.

온디맨드 서비스는 배달이나 차량 호출에 국한되지 않는다. 디지털 기술로 소비자와 공급자를 연결할 수 있는 분야라면 어디서나 이용 가능하다. 이를테면, 집을 청소하는 사람을 구하고 싶을 때도 청소 서비스 앱을 이용해 적절한 청소 인력을 쉽게 찾을 수 있다. 앱으로 세탁을 신청하면 집 앞에 와서 빨래를 수거해 깨끗이 빤 후 다시 가져다준다. 차를 중고차 거래 앱에 올려 여러 판매업자에게 바로 견적을 받을 수도 있다.

이렇게 고객이 원할 때 바로 필요한 것을 얻을 수 있도록 하기 위해서는 디지털 기술이 뒷받침되어야 한다. 제품 공급자와 서비스를 스마트폰이나 인터넷 등을 통해 효과적으로 연결할 수 있어야 소비자가 필요로 하는 것을 즉시 제공할 수 있다. 우버나 배달의민족의 경우, 소프트웨어 알고리즘을 통해 운전기사나 배달 기사의 동선을, 시간과 움직임을 최소화하도록 효율적으로 짜야 한다.

그래서 오늘날 온디맨드 경제란 보통 디지털 장터나 기술 기업의 플랫폼을 통해 제품이나 서비스에 즉시 접근하는 방식을 말한다. 여기서 디지털 기술이 핵심적인 역할을 한다.

온디맨드 경제의 기반이 되는 것이 바로 플랫폼이다. 플랫폼은 공급자와 소비자가 서로 만날 수 있는 장터이며, 양측이 모두 만족할 수 있도록 수많은 첨단기술이 적용되는 현장이기도 하다. 오늘날 디지털경제의 많은 부분이 이런 플랫폼 위에서 이뤄진다. 우리는 이미 자기도 모르는 사이에 여러 IT 기업들이 만들어놓은 플랫폼 위에서 생활하고 있다. 플랫폼에 대한 이해는 우리가 살아가는 사회의 특성을 알고 미래를 준비하는 데 꼭 필요하다.

플랫폼 경제란 무엇일까?

플랫폼이란 말을 들으면 무엇이 생각나는가? 보통 기차역이나 지하철역에서 승객이 열차를 기다리는 곳을 플랫폼이라고 한다. 지면에서 약간 높이 올라와 있는 평평한 공간이다.

경제학이나 경영학에서 플랫폼이란 승객이 딛고 서 있는 역 플랫폼처럼 기업과 소비자가 서로 만나고 다른 제품이나 서비스가 공급되는 기반이 되는 공간을 말한다. 이런 구조가 잘 돌아가면 플랫폼 기업은 물론 참여하는 기업과 고객 모두 이익을 얻게 된다. 일반적인 사업에서는 공급자가 소비자에게 물건이나 서비스를 직접 판매하지만, 플랫폼 사업에서는 플랫폼이라는 공통의 기반을 중심에 두고 다수의 공급자와 소비자가 만난다. 플랫폼은 이렇게 공급자와 소비자 양측이 함께 활동하며 서로 영향을 주고받는 '양면 시장'의 특성을 갖고 있다고 할 수 있다.

우리들이 많이 쓰는 마이크로소프트의 컴퓨터 운용체계(OS) '윈도우'가 대표적이다. 윈도우라는 플랫폼에는 수많은 컴퓨터프로그램이 돌아간다. 마이크로소프트만 윈도우용 프로그램을 만드는 것이 아니다. 프로그램을 만드는 여러 외부 개발사와 고객인 우리가 윈도우라는 플랫폼 위에서 만나는 것이다.

우리가 흔히 사용하는 워드나 파워포인트, 한글 같은 업무용 프로그램, 배틀그라운드나 리그오브레전드 같은 게임, 크롬이나 인터넷익스플로러 같은 인터넷 브라우저 등이 모두 윈도우 OS에서 작동할 수 있도록 만들어졌다. 윈도우 컴퓨터에서 쓰이는 프로그램은 애플의 맥북 컴퓨터에서는 쓸 수 없다.

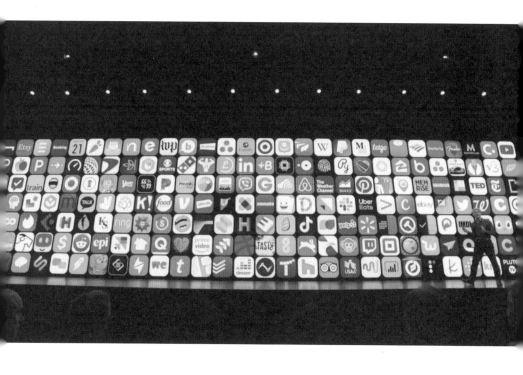

윈도우라는 플랫폼이 있기에 윈도우용 프로그램을 만드는 소프트웨어 개발사가 있고, 이들이 만드는 소프트웨어를 우리가 골라서 쓸 수 있다. 또 윈도우 OS를 사용하는 많은 고객이 있기에 이들을 겨냥해 다양한 소프트웨어나 게임을 만드는 개발사가 늘어나게 된다. 윈도우라는 플랫폼 위에서 개발사와 고객은 서로 이득을 얻고, 이 플랫폼에 참여하는 개발사와 고객이 늘어날수록 이들이 얻을 수 있는 가치도 커진다. 자연히 윈도우의 가치도 커진다. 마이크로소프트가 세계 최대의 IT 기업이 되고, 이 회사를 창업한 빌 게이츠가 세계 최대의 부자가 된 이유다.

만약 꼭 필요하고 편리한 소프트웨어를 어떤 플랫폼에서만 쓸 수 있다면 그 플랫폼의 인기가 높아질 것이다. 대부분의 기업은 워드나 엑셀 같은 업무용 소프트웨어가 가장 잘 돌아가는 윈도우 PC를 사용한다. 반면 디자인이나 음악, 영상 분야 일을 하는 사람들은 애플 맥 컴퓨터를 많이 쓰는데, 해당 분야의 좋은 소프트웨어들이 주로 맥에 맞춰 나오기 때문이다.

이렇게 많은 소프트웨어 기업과 소비자가 윈도우 OS 같은 플랫폼에 의존해 비즈니스를 하지만, 이들 기업과 소비자가 없다면 윈도우는 가치가 없어진다. 이처럼 플랫폼에서는 플랫폼 기업과 여기에 참여하는 기업, 소비자가 서로 의존하게 된다.

게임에서도 비슷한 구조를 볼 수 있다. 게임시장에선 소니의 플레이스테이션이나 닌텐도의 스위치 같은 게임기들이 플랫폼 역할을 한다. 여러 게임 회사들이 플레이스테이션이나 스위치, 마이크로소프트 엑스박스의 규격에 맞춰 게임을 만들어 판매하고 소비자, 즉 게이머들은 이런 게임 중 마음에 드는 것을 사서 플레이한다. 플레이스테이션에 맞춰 나온 게임이라면 닌텐도 스위치에서 할 수 없다.

플레이스테이션이나 닌텐도 등의 게임기가 각각 플랫폼이 되어 여기서 게임 개발사와 게이머 사이의 거래가 이뤄진다. 재미있는 게임이 많은 게임 플랫폼일수록 더 많은 소비자가 모인다. 이는 그 게임기의 판매 증가로 이어지며, 이렇게 늘어난 고객을 대상으로 더 많은 게임 개발사가 이 플랫폼에 맞는 게임을 만들게 된다. 게임기를 만드는 회사, 게임 소프트웨어를 만드는 회사, 고객 모두 만족이 커진다. 소니나 닌텐도, 마이크로소프트 같은 게임 회사가 바람돌이 소닉이나 마리오, 헤일로 같은 인기 게임들을 자사의 전용으로 출시하기 위해 애쓰는 이유가 바로 그것이다.

컴퓨터 OS나 게임시장에서 플랫폼이란 소프트웨어 개발사나 게임 개발사 등이 고객을 위한 소프트웨어와 게임을 만들 수 있는 기술적 기반이라는 의미가 강하다. 윈도우 PC에 맞게 만들어진 프로그램을 애플 사의 맥 컴퓨터에서 쓸 수 없고, 닌텐도 게임을 엑스박스에서 할 수 없다. 소프트웨어와 게임을 만드는 회사는 플랫폼에 맞춰 제품을 만들어야 하고, 소비자 역시 특정 플랫폼을 선택해 구매해야 한다.

하지만 잘 살펴보면 플랫폼은 기술적 특성뿐 아니라 공급자와 소비자를 서로 연결해주는 중개, 혹은 매개의 특성 역시 갖고 있다. 윈도우는 워드프로세서를 만든 소프트웨어 기업 한컴과 숙제를 하기 위해 컴퓨터로 문서를 만드는 이용자를 연결해주고, 플레이스테이션은 축구 게임인 FIFA20을 만드는 일렉트로닉아츠(EA)와 게임을 하려는 소비자를 이어준다.

특히 인터넷이 일상에 깊숙이 자리 잡으면서 중개를 중심으로 하는 플랫폼 기업들이 많이 등장했다. 인터넷은 수많은 사람들이 시공간을 넘어 원하는 정보를 찾고 다른 사람들과 연결하며 물건을 사고팔 수 있게 해준다. 개인, 기업, 물건 사이의 연결이 더 촘촘하고 편해졌다.

예전에는 멀리 떨어진 곳으로 이사 가려면 직접 그 동네까지 가서 부동산을 다니고 발품을 팔아 적당한 집을 찾아야만 했다. 하지만 요즘에는 네이버나 부동산 관련 모바일앱에 검색만 하면 각 지역의 매물들이 나와서 쉽게 조건에 맞는 집을 찾을 수 있다. 물론 직접 방문해서 집을 확인해야 하겠지만 말이다.

중고 물품을 쉽게 사고팔 수 있게 해주는 중고나라나 당근마켓도 판매자와 구매자를 연결해주는 플랫폼 기반 인터넷 서비스라 할 수 있다. 과거에는 집에 있는 안 쓰는 물건들을 처리하기가 쉽지 않았다. 알음알음 주변 사람들에게 넘기거나 거래할 수밖에 없었다. 책이나 자동차처럼 중고 거래 수요가 큰 물건의 경우 전문적인 중고 시장이 생기기도 했지만, 대부분의 일상용품은 중고 거래를 하기 어려웠다. 하지만 네이버에 중고나라 카페가 생기면서 우리는 전국 어디서나 내가 필요한 물건을 팔고자 하는 사람, 내가 파는 물건을 사려는 사람을 찾을 수 있게 됐다.

파는 사람은 집 한구석에 자리만 차지하던 물건을 처리하고 돈도 벌 수 있다. 내가 안 쓰는 물건이 그 물건을 꼭 필요로 하는 사람에게 저렴한 가격에 가는 것이니 자원도 보다 효율적으로 활용하는 셈이다.

디지털 기술을 통해 많은 사람이 연결되고, 필요한 것을 거래할 사람들을 찾기도 편해졌다. 이를 통해 예전에는 다른 사람과 거래하거나 나누기 힘들었던 것을 이제는 쉽게 나눌 수 있게 되었다. 경제용어로 말하면 '거래비용'을 낮춘 것이다. 오늘날 공유경제의 등장을 촉진하는 역할을 하는 것이다. 이런 흐름 속에서 우버나 에어비앤비 같은 공유경제의 대표 기업들이 나오기 시작했다. 요즘 우리가 흔히 생각하는 공유경제는 플랫폼 위에서 가능하다는 이야기다.

오늘날 공유경제의 흐름을 일으킨 우버 역시 플랫폼이다. 우버의 가장 기본적인 모델은 차를 가지고 다른 사람을 위해 운전할 의향이 있는 사람(기사)과 다른 사람이 모는 차를 타고 이동하고 싶은 사람(승객)을 연결해주는 것이다. 우버는 직접 차를 소유하지도, 기사를 고용하지도 않는다. 다만 승객과 기사가 쉽고 안전하게 만날 수 있는 장을 마련해 기사는 수익을 얻고, 승객은 편리하게 목적지로 가게 한다.

우리나라는 만 18세부터 운전면허 시험 응시가 가능하다. 여러분에게 운전면허와 자동차가 있다고 생각해 보자. 아마 대부분의 시간을 집 앞에 주차된 상태로 둘 것이다. 우버가 없다면 우리는 집에 있는 차에 누군가를 태워 돈을 벌고 싶다고 생각해도 실행에 옮길 수 없을 것이다. 손님을 찾을 수 없기 때문이다. 반대로 눈앞에 운행하려는 자동차가 있더라도 운전하는 사람을 믿어도 되는지 알 수 없기에 타서는 안 된다. 사실 이런 안전문제 때문에 대부분의 국가에서는 허가된 택시 외에 돈을 받고 사람을 태우는 일이 불법이다. 쉽게 말해 지금 여러분이 집에 있는 자동차를 몰고 나가 길거리에서 사람을 태워 날라주고 돈을 받아서는 안 된다는 이야기다. 그런데 우버는 모바일 기반 플랫폼으로 공급자와 수요자를 연결해 자동차를 다른 사람과 나누어 쓸 수 있는 공유의 대상으로 바꾸었다.

에어비앤비는 집과 방을 다른 사람과 공유할 수 있게 했다. 보통 집에 남는 방이 있더라도 2~3일씩 다른 사람에게 빌려주는 식으로 방을 활용하기란 거의 불가능하다. 이전에는 호텔 같은 전문 사업자나 하숙을 업으로 하는 사람들만 숙박 관련 일을 할 수 있었다. 에어비앤비는 이런 상황을 바꾸었다. 누구나 세계 어디서나 머물 방을 구하거나, 자기 집에 머물 여행객을 찾을 수 있고, 이를 통해 쓰이지 않던 집과 방이 더 많은 사람들에게 쓰일 수 있도록 공유되었다.

우버나 에어비앤비 같은 플랫폼은 공급자와 수요자를 연결할 뿐만 아니라 이들이 안심하고 편리하게 거래할 수 있도록 여러 방법을 고안했다. 우버 운전기사나 에어비앤비 사용자가 별점을 매기고, 모두가 이 평가 결과를 볼 수 있기 때문에 잘못된 행동을 하지 않도록 서로 조심하게 된다. 쉽고 안전한 결제 시스템을 만들고, 문제 행동을 하는 사용자에게는 제제를 가해 질서를 유지하는 역할도 한다.

플랫폼 경제는 스마트폰의 확산과 첨단 IT 기술의 뒷받침에 힘입어 활성화되었고, 공유경제라는 새로운 삶의 방식을 가능하게 했다. 수많은 수요자와 공급자를 비용 부담이나 기술적 장벽 없이 즉시 연결할 수 있게 되면서 지금까지 거래되지 않았던 많은 물건이나 자산, 재능 등을 거래할 수 있게 했다. 이는 지금까지 활용되지 못했던 것들이 새롭게 공유되고 활용되는 결과를 낳았다. 공유경제는 우리가 가진 물건이나 자원 등을 더욱 효율적으로 사용할 수 있게 함으로써 자원절약과 재활용, 환경개선 등 더 큰 사회적 문제까지 해결하는 방안을 마련했다.

공유경제와 온디맨드 경제, 플랫폼 경제는 서로 다르지만 공통의 기술적 뿌리를 두고 서로 영향을 미치며 우리 삶을 바꾸고 있다.

우리 주변에는 어떤 플랫폼 기업이 있을까?

잘 운영되는 플랫폼 기업은 우리 삶을 풍요롭게 한다. 앞에서 예로 든 윈도우 OS 같은 경우가 대표적이다. 비슷한 역할을 하는 플랫폼으로 스마트폰 앱을 편리하게 설치할 수 있는 애플 앱스토어나 구글 플레이를 들 수 있다. 앱을 만드는 사람들과 소비자를 연결해주는 이런 플랫폼 덕분에 우리는 쉽게 게임이나 사진 보정 앱, 메신저 등을 내려받아 스마트폰을 편리하게 사용할 수 있다. 또 앱을 만드는 사람이나 기업은 이런 앱스토어에서 더 쉽게 고객을 찾아 자신들의 앱을 팔고 수익을 얻을 수 있다.

우리가 많이 쓰는 네이버도 일종의 플랫폼이라고 할 수 있다. 우리는 네이버에서 정보를 찾고 검색하거나, 웹툰을 보고 블로그에 글을 쓰면서 돈을 지불하지 않는다. 그럼 네이버는 어떻게 돈을 벌까? 네이버는 네이버에 광고를 하고 싶어 하는 사람들, 즉 광고주에게 돈을 받는다. 다시 말해 네이버는 우리 같은 일반 사용자와 특정 광고주가 함께 참여하는 플랫폼인 셈이다.

네이버에서 무언가를 검색하면 그와 연관된 광고 링크가 검색 결과에 함께 나오는 것을 본 적이 있을 것이다. 친구와 홍대 근처에서 만나기로 하고 '홍대 맛집'이라는 검색어를 입력하면, 검색 결과 상단에 몇몇 홍대 근처 식당이 뜬다. 사람들에게 자신의 가게를 알리고 싶어 하는 사람들이 이 자리를 샀기 때문이다. '다이어트'라는 검색어를 입력하면 검색 결과에 다이어트와 관련된 상품 광고가 주르륵 뜬다.

이처럼 네이버는 정보를 찾으려는 사람들과 이들에게 광고를 하고 싶어 하는 사람들을 연결해준다. 그리고 광고를 하려는 사람들에게 광고비를 받는다. 이것이 우리가 무료로 네이버를 이용할 수 있는 이유다.

카카오톡은 스마트폰으로 메시지를 주고받는 사람들을 대상으로 게임이나 결제, 선물하기 등의 서비스가 올라와 있는 플랫폼이라 할 수 있다. 처음에는 단순한 메신저였지만, 사용자가 늘어나고 사람들이 카카오톡에서 보내는 시간이 급증하면서 플랫폼으로 발전할 수 있었다.

카카오톡이라는 플랫폼 위에 외부 게임 개발사들의 게임을 소개하고 게임을 하고 싶어 하는 사용자를 연결하거나, 여러 판매자들을 모아 사용자가 구매하거나 다른 사용자에게 선물할 수 있게 했으며, 택시 기사와 승객을 연결하는 카카오T 같은 모빌리티(이동수단) 플랫폼도 전 국민을 포괄하는 카카오톡 사용자를 기반으로 했기에 가능했다.

온라인쇼핑 사이트 중에도 플랫폼 성격이 강한 곳들이 있다. 동대문시장에서 옷을 떼와서 자기 사이트에서 판매한다면 일반적인 전자상거래에 해당된다. 하지만 쿠팡이나 G마켓, 티몬 같은 사이트는 여러 외부 판매자들이 자신들의 상품을 올려놓고 고객을 만날 수 있는 일종의 마켓 플레이스(장터) 역할을 한다. 장터에서 일종의 판을 까는 역할을 하는 전자상거래 기업은 판매자가 상품을 등록할 수 있게 하고, 상품 정보를 모아서 보여주며 결제 등의 기능을 제공한다. 다수의 판매자와 다수의 소비자가 만나 물건을 사고파는 온라인쇼핑 플랫폼인 셈이다.

대표적 IT 기업인 아마존, 애플, 구글, 페이스북 등도 모두 플랫폼 기업이라고 할 수 있다. 아마존은 전자상거래 판매자와 소비자를 연결하는 플랫폼이다. 애플은 컴퓨터 맥과 스마트폰 아이폰의 OS를 가졌다는 점에서 윈도우를 가진 마이크로소프트와 같은 플랫폼 기업이라 할 수 있다. 또 앱스토어라는 앱 장터 역시 모바일 게임과 앱을 만드는 개발사와 스마트폰 사용자를 연결하는 플랫폼이다.

구글은 스마트폰 안드로이드 OS와 구글 플레이라는 앱 장터를 가졌다는 점에서 역시 애플과 같은 플랫폼이라고 할 수 있다. 또 네이버와 마찬가지로 구글에서 검색을 하는 사용자와 이들을 대상으로 광고를 하고 싶어 하는 광고주를 연결하는 플랫폼이기도 하다. 페이스북은 친구와 대화하고 사진을 공유하는 수십억 명의 사용자와 이들을 대상으로 콘텐츠를 알리거나 광고를 하는 기업 등을 연결하는 플랫폼이다.

최근 미국과 유럽에서는 아마존, 애플, 구글, 페이스북 등을 '4대 플랫폼 기업'으로 묶어 규제하려는 움직임도 커지고 있다. 이들이 거의 디지털 세계를 독점하다시피 하면서 사회경제에 미치는 영향이 커졌기 때문이다.

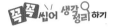

앱스토어 입점은 개발사들에게 득일까?

플랫폼이 성공적으로 운영되려면 공급자와 소비자 그리고 플랫폼 운영자까지 모두 수익을 얻어야 합니다. 그러나 플랫폼이 커지고 참여자가 많아지면서 복잡한 이해관계 때문에 갈등이 깊어지는 경우가 종종 있습니다. 우리가 스마트폰에서 앱을 설치할 때 쓰는 앱스토어가 그런 사례 중 하나입니다.

애플은 2007년 아이폰 앱을 쉽게 찾고 다운로드할 수 있는 앱스토어를 처음 선보였습니다. 앱스토어가 등장하기 전에는 휴대폰에 앱을 까는 것이 무척 어려웠습니다. 성능이 제한적이고 시스템에 접근하기도 쉽지 않았어요. 아예 앱을 깔 수 없거나, 비싼 통신료를 내며 통신사가 허가한 몇 안 되는 앱만 설치할 수 있었습니다.

앱스토어는 이런 불편을 해결했습니다. 앱스토어에서는 원하는 앱을 찾고, 간단하게 설치하기가 가능합니다. 게임 등 유료 앱이라면 신용카드 정보로 그 자리에서 바로 결제할 수 있습니다. 번거로운 절차는 하나도 없지요. 앱스토어를 통해서만 아이폰에 앱을 설치할 수 있고, 앱스토어에는 애플이 검수한 앱들만 등록되기 때문에 사용자는 악성소프트웨어나 바이러스 걱정 없이 쓸 수 있습니다. 대신 앱 개발사들은 수익의 30%를 애플에 수수료로 내야 합니다.

이로써 과거에 없던 앱 생태계가 탄생한 것입니다. 이 모델은 구글도 곧바로 받아들였습니다. 바로 '구글 플레이 스토어'입니다. 앱스토어를 통해 앱이나 게임을 팔아 큰돈을 번 개인 개발자가 잇달아 나타났고, 모바일앱을 만들어 큰 기업으로 성장하기도 했습니다. 앱스토어를 통해 발생한 매출은 2020년 기준 6,430억 달러, 우리 돈으로 626조 원에 달합니다. 우리나라에서만 16조 5,000억 원입니다. 애플이 앱스토어를 통해 버는 돈은 삼성전자의 3개월간 수익과 맞먹는 수준이지요.

처음에는 모두가 좋아했습니다. 사용자는 편리한 앱을 안심하고 쓸 수 있고, 앱 판매가 늘어나니 개발자들은 돈을 벌었지요. 결제나 유통에 대한 투자는 애플이 대행해주고요. 애플은 수수료로 돈을 벌었습니다.

하지만 곧 불만도 나오기 시작했습니다. 앱스토어 운영사가 아무것도 안 하고 수익의 30%나 가져가는 것이 아니냐는 의견이었습니다. 중소형 개발사들은 30% 수수료를 주고 나면 남는 수익이 별로 없습니다. 외부 결제 수단을 쓰면 가격을 낮출 수 있지만, 애플은 이를 허용하지 않았지요. 결제와 관련된 사용자 정보도 대부분 애플이나 구글에 돌아갔습니다. 개발사들이 스스로 고객과 관계를 구축하기 어렵고, 애플이나 구글에 대한 의존도가 갈수록 커졌습니다. 앱 등록을 허가하는 기준이 일정하지 않다는 지적도 종종 있습니다.

앱스토어에 대한 불만은 세계 곳곳에서 터져 나왔습니다. 배틀그라운드와 비슷한 포트나이트를 만드는 에픽게임즈, 스웨덴의 음악스트리밍 서비스 스포티파이 등이 대표적입니다. 우리나라와 유럽 등에서 앱스토어 관련 불공정행위는 없었는지 조사를 벌이기도 했습니다.

지난해 구글이 그간 눈감아주던 외부 결제 수단 사용을 금지하려는 계획을 밝히자 불만이 폭발하고 말았습니다. 국회에서는 앱스토어에서 특정한 결제 수단 사용을 강요하지 못하게 하는 법이 통과됐고요. 결국 애플과 구글은 수수료를 낮추고 외부 결제 수단 사용을 허가하는 등 물러설 수밖에 없었습니다.

앱스토어를 통해 사용자는 프라이버시를 침해하는 악성 앱을 걱정할 필요 없이 편리하게 스마트폰을 이용할 수 있다는 애플과 구글의 항변은 틀린 말이 아닙니다. 그러한 앱스토어 시스템을 유지하는 비용도 분명 들어갑니다. 하지만 개발사들이 사용자들을 만날 수 있는 다른 경로가 거의 차단된 상황이라는 점에서 불공정한 시장이라는 것도 사실입니다. 공급자와 수요자 양측을 모두 만족시키는 플랫폼을 만드는 것은 어려운 일이고, 일단 그런 플랫폼을 만든다 해도 이를 유지하는 것 역시 결코 쉬운 일이 아닙니다.

2부

공유경제는
어떻게 탄생하고
성장했을까?

스마트폰이 불러온 모바일의 시대

2007년 1월 9일, 미국 샌프란시스코에서 열린 맥 월드 엑스포 행사에서 애플 CEO 스티브 잡스는 '큰 화면의 아이팟(MP3 플레이어)' '혁신적인 휴대폰' '한계를 돌파한 인터넷 통신기기'를 하나로 합친 모바일기기를 발표했다. 바로 아이폰이었다.

"때로는 혁명적 제품 하나가 나타나 모든 것을 완전히 바꿔버리는 일이 생깁니다!"

당시 스티브 잡스가 아이폰을 소개하며 한 말이다. 스마트폰 혁명의 막이 오른 순간이었다. 실제로 아이폰은 이후 세상을 바꿔버렸다. 지금 우리가 너무나 당연하다고 여기는 스마트폰 세상은 불과 10여 년 전 이때 시작되었다.

터치스크린이 달린 모바일기기도, 카메라가 달린 휴대폰도 모두 세상에 없던 물건은 아니었다. 휴대폰으로 인터넷에 접속하는 것도 가능했었다. 그러나 당시 터치스크린은 대부분 화면을 꾹꾹 누르면 그 압력을 인식해 입력하는 감압식 제품이었다. 힘도 많이

들어가고 원하는 부분을 정확히 터치하기도 힘들었다. 그래서 스타일러스 펜이 같이 붙어 있었지만, 챙겨 다니기 번거롭고 잃어버리기 쉬워 불편했다(아이폰 이후 오늘날 스마트폰 터치스크린은 손가락의 정전기를 감지해 입력하는 정전 방식이다). 번호를 누르는 키패드가 화면 아래 위치해 있어서 화면 크기도 키울 수 없었다. 영상이나 게임을 재생하기도 어려웠다.

휴대폰으로 이동통신사의 모바일데이터 전용망에 접속해 인터넷을 이용할 수 있긴 했지만 데이터 요금이 어마어마하게 비쌌고, 인터넷 브라우저와 키보드 등 사용자 환경이 불편했다. 청소년이 모바일게임 접속을 잘못했다가 한 달 통신 요금이 수백만 원씩 나오는 일이 종종 뉴스가 되었다. 휴대폰에는 와이파이 접속 기능이 없고, 통신사가 지정한 환경에서 제한적으로만 모바일 인터넷을 쓸 수 있었다. 앱도 마음대로 설치할 수 없었다.

아이폰과 이후 등장한 스마트폰은 이러한 문제들을 모두 해결했다. 와이파이로 인터넷에 자유롭게 접속하고, 손가락으로 손쉽게 조작하는 넓은 풀터치스크린 화면에서 콘텐츠를 보거나 다양한 앱을 이용할 수 있게 되었다. 앱스토어나 구글 플레이 같은 앱장터가 있어 필요한 앱을 손쉽게 설치할 수 있다. 주머니에 넣고 다니는 컴퓨터, 24시간 우리 곁을 떠나지 않는 컴퓨터가 등장한 것이다.

스마트폰은 작은 컴퓨터지만, 일반적인 데스크탑 PC가 할 수 없는 일들을 해낸다. 지금 여러분의 카카오톡에도 읽지 않은 단톡방 메시지가 수십 개씩 쌓여 있을지도 모른다. 언제 어디서나 메시지를 주고받을 수 있으니 모바일메신저를 통한 대화가 활발해진 것이다. 문자메시지는 스마트폰 등장 이전에도 인기가 있었으나 한 건에 몇십 원씩 요금이 붙었다. 친구들과 문자를 주고받으며 대화를 이어가다 보면 부담이 되는 금액이었다. 네이트온 같은 컴퓨터 전용 메신저는 무료지만 컴퓨터 앞에 앉아 있을 때만 쓸 수 있다는 단점이 있었다. 하지만 카카오톡은 스마트폰에서 쓰는 앱이니 이동에 제약이 없다. 게다가 무료다. 우리는 가족, 친구, 친지들과 훨씬 자유롭게, 훨씬 더 많이 대화할 수 있게 되었다. 그들이 멀리 떨어진 지역에 있어도, 외국에서 살더라도 마찬가지다. 시공간의 제약을 획기적으로 낮춘 것이다.

페이스북이나 트위터 같은 소셜네트워크서비스(SNS)의 성장도 스마트폰에 힘입은 바가 크다. 우리는 어디를 가든 친구들 사진이나 음식 사진을 스마트폰으로 찍어 '#맛집' '#일상' '#행복' 같은 해시태그를 달고 바로 인스타그램에 올린다. 스마트폰을 끼고 사는 친구들은 알람을 보고 바로 '하트'를 누른다. 이처럼 소셜미디어를 활용해 우리는 친구들과 더 많이 소통할 수 있게 되었고, 식당이나 카페, 물건을 만드는 사람들도 더 많이 고객들을 만날 수 있게 되었다. 사진 보정이나 꾸미기 앱, 동영상 편집 앱 등도 덩달아 인기가 높아졌다.

스마트폰은 게임을 즐기는 방법도 바꾸었다. 여전히 친구들과 PC방에 가서 게임을 많이 하긴 하지만 스마트폰으로 집이나 대중교통에서도 틈틈이 게임을 즐길 수 있게 되었다. '브롤스타즈'나 '쿠키런' 같은 게임을 하면서 친구와 점수 및 순위 경쟁도 할 수 있다.

공부하거나 일하는 방법도 바뀌었다. 스마트폰 메신저로 친구들과 조별 활동 계획을 짜거나 발표 자료를 만들고 공유할 수 있다. 코로나19로 학교에 안 가고 집에서 온라인수업을 할 때 많은 학생들이 스마트폰으로 출석 확인을 하고, 동영상강의를 들었다. 직장인들도 사무실 밖에서 스마트폰으로 이메일을 확인하고 메신저로 업무 지시를 주고받으며 일할 수 있게 되었다.

데스크탑이나 노트북 PC와 다른 스마트폰의 또 다른 특징은 위치 정보를 활용할 수 있다는 점이다. 휴대폰은 언제든 전화를 걸거나 받을 수 있도록 끊임없이 주변의 통신사 기지국과 신호를 주고받는다. 기지국 위치를 근거로 그 기지국과 교신하는 휴대폰의 대략적인 위치를 알 수 있다. 또 스마트폰은 위성항법장치(GPS) 센서를 내장해 어느 지역에서든 인공위성을 이용해 자신의 위치를 정확히 파악할 수 있다.

위치 정보 사용이 가능하기 때문에 우리는 스마트폰을 자동차 내비게이션으로도 쓸 수 있다. 낯선 동네에 가도 지도 앱을 열어서 길 안내를 받을 수 있는 것이다. 홍대 근처에서 친구와 만나 맛집을 검색하면 검색 결과에 인근 맛집이 먼저 나오고, 가로수길에서 카페를 검색하면 주변 카페 리뷰들을 볼 수 있다. 모바일앱으로 택시를 부를 때 내가 어디에 있는지 입력하지 않아도 되는 것도, 호출한 택시가 어디쯤 오는지 알 수 있는 것도 스마트폰이 위치 정보를 사용하기 때문이다. 개인의 위치 정보 외에도 사람들이 언제 어떤 경로로 많이 움직이는지 파악해 상권을 분석하거나 대중교통 운영을 개선하는 데도 쓸 수 있다.

스마트폰은 컴퓨터와 인터넷 이후 가장 혁신적이고 편리한 발명품이었고, 순식간에 우리 모두의 필수품이 되었다. 2007년 아이폰 출시 이후 스마트폰은 빠르게 보급되기 시작했고, 10년이 더 지난 2020년에는 35억 명, 2021년에는 38억 명의 사람들이 스마트폰을 쓰는 것으로 추산된다. 35억 명이면 세계 인구의 45%가 스마트폰을 갖고 있다는 의미다. 2016년에서 2020년 사이 스마트폰 사용자는 40% 늘었다.

세계 스마트폰 사용자 수 현황 및 예측

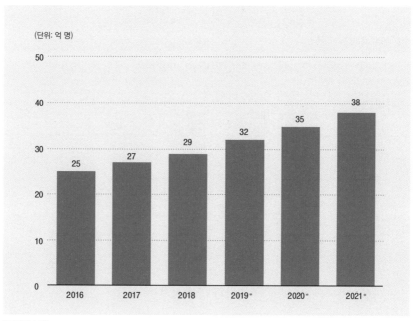

(단위: 억 명)

(스태티스타)

특히 우리나라는 스마트폰 보급률이 세계에서 가장 높은 모바일 선진국이다. 2019년 미국의 조사 기관 퓨리서치의 조사에 따르면, 우리나라 스마트폰 보급률은 95%로 조사 대상 27개 국가 중 가장 높았다. 사실상 전체 인구가 스마트폰을 사용하는 것이다. 이스라엘(88%)과 네덜란드(87%), 스웨덴(86%) 등이 우리나라의 뒤를 이었다. 선진국뿐만 아니라 개발도상국에서도 스마트폰은 빠르게 확산되고 있다.

중국에서 모바일기기로 인터넷을 이용하는 사람은 2020년 기준 8억 9,700만 명에 이른다. 세계 2위 인구 대국인 인도에서도 최근 10년간 5억 명이 새롭게 인터넷을 이용하게 됐고, 앞으로도 비슷한 인구가 새로 유입되어 인터넷을 이용하게 될 전망이다. 특히 상당수 개발도상국은 유선전화나 초고속 인터넷망이 충분히 보급되지 않은 상황에서 바로 이동통신과 모바일 인터넷 시대로 건너뛰고 있다. 아프리카나 동남아시아 같은 경우 사람들이 은행이나 신용카드를 이용하기 어려웠는데, 최근에는 스마트폰을 이용한 모바일결제가 이런 금융의 역할까지 대신하는 추세다.

스마트폰의 확산과 더불어 스마트폰에서 활용하는 앱 관련 시장도 커졌다. 헤아릴 수 없이 다양한 앱과 게임이 쏟아져 나왔고, 우리의 삶을 편리하게 했다. 우리는 앱으로 사진을 찍고 예쁘게 다듬고, 가계부를 쓰며 공부 계획을 세우고 일기를 쓴다. 지도 앱을 보고 길을 찾고 유튜브와 트위치로 영상을 본다. 웹툰도 앱을 통해 찾아본다.

미국 4대 빅테크 기업의 시가총액

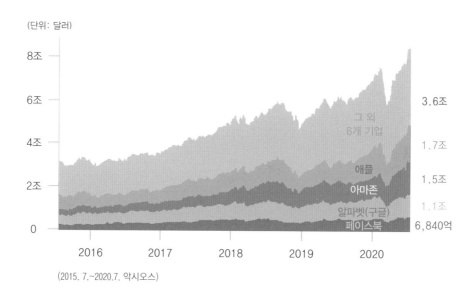

(단위: 달러)

8조

6조   3.6조

4조   1.7조

                                                            애플   1.5조
2조   아마존
                                                            알파벳(구글)   1.1조
0   페이스북   6,840억

      2016   2017   2018   2019   2020

(2015. 7.~2020.7. 악시오스)

※ 그 외 6개 기업: 시가총액 10대 기업 중 4대 빅테크 기업 제외한 나머지 기업.

아이폰이 나온 후 1년 뒤, 2008년 애플은 모바일앱을 손쉽게 검색하고 안전하게 설치할 수 있는 앱스토어를 선보였다. 당시 애플 앱스토어에는 500개의 앱이 있었다. 지금 그 숫자는 거의 185만 개에 이른다. 애플 앱스토어보다 약간 늦게 출발한 구글 플레이에는 256만 개의 앱이 있는 것으로 추정된다.

애플이 2020년 한 해 동안 앱스토어를 통해 발생한 매출이 6,430억 달러에 이른다. 우리 돈으로 713조 원이 넘는 금액으로, 우리나라 1년 예산보다 크다. 여기에는 아마존이나 쿠팡 같은 전자상거래 앱을 통한 실물 제품이나 서비스 판매액이 90%를 차지하고, 게임 아이템 등 디지털 형태의 제품과 서비스 판매액이 10%를 차지한다. 앱을 통해 우리나라 1년 예산과 맞먹는 경제가 새로 생겨난 셈이다. 물론 안드로이드 스마트폰을 쓰는 사람들을 통해 구글 플레이에서 창출된 가치는 별도다.

애플, 아마존, 구글, 페이스북, 마이크로소프트 등 미국 4대 IT 기업들의 시가총액(증권거래소에서 상장된 전 증권을 그날 마지막에 이뤄진 가격으로 평가한 금액)을 합치면 우리 돈으로 대략 1경 원에 이른다. 다른 기업들과의 격차는 까마득하다. 이들 기업의 특징은 모두 스마트폰 시대를 주도하는 기업이라는 것이다. 애플은 아이폰을 만들고, 구글은 삼성전자나 LG전자 스마트폰에 쓰이는 안드로이드 OS를 만든다. 페이스북은 기존의 서비스는 물론, 인스타그램과 왓츠앱 메신저를 자회사로 두고 모바일 시대의 소셜미디어를 지배한다. 구글과 페이스북은 모바일광고의 선두주자이기도 하다. 아마존 역시 스마트폰으로 인해 더욱 활기를 띤 전자상거래 분야를 주도하고 있다.

이렇게 스마트폰은 최근 10여 년 사이 세계 각지로 급속도로 확산되면서 우리의 삶과 일상의 모습을 완전히 바꿔놓았다. 이런 변화의 과정에서 탄생해 성장한 대표적인 분야가 바로 공유경제이다.

거의 모든 사람이 스마트폰을 쓰게 되면서 정보탐색과 공유, 공급자와 수요자의 연결이 이전과는 비교할 수 없을 정도로 빠르고 편리해졌다. 게다가 각종 비용과 부담은 훨씬 줄어들었다. 거래의 효율이 높아짐에 따라 이전에는 활용되지 못했던 물건들이 쉽게 수요자를 찾아 공유될 수 있게 되었다. 수요자와 공급자를 안전하고 효과적으로 연결해주는 플랫폼 기업의 역할이 더 커졌고, 많은 플랫폼 기업들이 새롭게 등장했다.

이제 공유경제 플랫폼의 편리함을 처음 세상에 알린 대표적인 두 사례, 우버와 에어비앤비에 대해 알아보자. 두 회사는 각각 차량 공유와 숙박 공유로 크게 성공을 거두었다.

택시 잡기가 힘들어요! - 우버의 등장

2008년 미국의 트래비스 칼라닉은 프랑스 파리에서 열린 한 IT 관련 행사에 참석했다. 그는 대학생 시절부터 여러 번 창업을 한 유망한 청년이었다. P2P 방식으로 음악과 영상을 서비스하는 회사를 세워 운영하다 큰 기업에 매각(팔아넘김)해 젊은 나이에 부자가 되었다.

그는 행사에서 스텀블어폰(StumbleUpon)이라는 인터넷기업을 창업한 개릿 캠프와 어울렸다. 그 역시 젊은 나이에 창업해 성공을 거두었다는 공통점이 있었는데 시간 가는 줄 모르고 이야기하다 보니 밤이 늦었다. 둘은 택시를 타고 숙소로 돌아가려 했으나 도무지 택시를 잡을 수 없었다.

여느 대도시가 대부분 그렇듯이 파리의 택시도 별로 좋은 평을 못 받고 있었다. 그럴 수밖에 없는 것이 택시 수는 부족하고 전체 차량은 좀처럼 늘어나지 않기 때문이다. 프랑스는 1937년 운행하는 택시 숫자를 정부가 규제하는 정책을 실시했다. 당시 파리에는 1만 4,000대의 택시가 있었는데 80년 넘게 지난 지금 택시 숫자는 2만 대 정도에 불과하다. 택시 수를 조절할 권한은 정부에 있고, 기존의 택시 사업자들이 새로 허가를 받은 택시가 늘어나 경쟁이 치열해지는 걸 원치 않아 강력한 로비를 펼쳤기 때문이다.

이날 두 사람은 불편한 택시 문제를 해결할 방법에 대해 이야기하다가 누구나 자기 차로 다른 사람을 태우고, 차를 타고 이동하고 싶은 사람은 편리하게 차를 부를 수 있는 차량 호출 서비스 아이디어를 냈다. 그렇게 두 사람은 이듬해 우버를 창업한다. 이것이 우버가 공식적으로 밝히는 창업에 얽힌 일화다.

실제로는 개릿 캠프가 미국 샌프란시스코에 살면서 그곳의 불편한 택시에 진절머리가 나 대안을 고민하던 중 차량 공유라는 아이디어를 냈다고 한다. 그는 지인들과 이 아이디어에 대해 많은 대화를 나누었고, 트래비스 칼라닉과 뜻이 맞아 우버를 공동 창업하기에 이르렀다.

물론 그들이 파리에 간 것도, 파리에서 택시로 불편을 겪은 것도 사실이다. 파리에서의 경험은 그들이 차량 공유라는 아이디어를 실행에 옮기는 데 중요한 역할을 했을 것이다.

그들은 2009년 우버를 창업했고, 2010년 샌프란시스코에서 서비스를 개시한다. 수십 년간 큰 변화 없이 이어져 오던 택시 산업이 뿌리째 흔들리고, 차량 호출을 넘어 교통 전반의 변화를 촉발한 첫걸음의 순간이다. 자동차는 소유하는 것이 아니라 필요할 때 불러 쓰는 것이라는 의식의 변화를 일으켰고, 교통과 도시의 구조

를 근본적으로 새로운 관점에서 보는 계기가 되었다. 물론 공유경제라는 새로운 경제와 삶의 방식이 사람들 마음속에 뿌리내리게 된 배경이기도 했다.

우버는 기본적으로 차량 운전기사와 승객을 연결해주는 모바일 플랫폼이다. 운전사는 차를 가지고 이동이 필요한 사람을 위해 운전을 해준다. 차를 타고 이동하고 싶은 승객은 우버 앱으로 기사를 찾는다. 승객이 앱에 목적지를 입력하면 우버가 주변의 적합한 운전사에게 업무를 지정한다. 운전사가 운행을 수락하면 승객의 위치가 나오고 운전사는 승객을 태워 목적지로 운전해 간다.

승객은 기사에게 목적지를 따로 말할 필요도 없다. 미리 앱에 등록해 둔 신용카드로 자동결제가 되기 때문에 목적지에 도착하면 바로 내리기만 하면 된다. 말 그대로 스마트폰 하나로 차를 부를 수 있게 된 것이다. 기사와 손님이 서로 앱에서 별점을 매길 수 있어 서로 친절하게 행동하도록 자연스럽게 유도한다. 제대로 서비스를 제공하고 평가가 좋은 운전기사는 승객 배정 등에 우대를 받고 무례한 행동을 반복한 손님은 우버 이용에 제한을 받는다.

운전사는 손님이 없어 노는 시간을 줄이고, 손님을 쉽게 찾아 수입을 높일 수 있다. 원하는 때에만 우버 기사 일을 할 수 있다는 것도 장점이다. 다른 직업이 있거나 가족을 돌봐야 하는 등 전업으로 일하기 어려운 경우에도 틈틈이 가능할 때 운전에 나설 수 있다.

또 다른 특징은 요금이 탄력적이라는 점이다. 차를 타려는 사람이 많을 때는 요금이 오르고, 차를 타려는 승객이 줄어들면 요금이 내려간다. 주말을 즐기려는 사람들이 몰리는 늦은 금요일 밤, 크리스마스나 밸런타인데이처럼 차를 타려는 사람들이 늘어나는 때에는 요금도 같이 뛰는 것이다. 그러면 기사들이 더 많이 운행에 나서고, 이렇게 차량 공급이 늘어나면 다시 가격은 내려간다.

이는 요금이 고정되어 있는 일반 택시와는 다른 방식이다. 택시는 가격이 미리 정해져 있고, 심야 시간에만 할증이 붙는다. 그런데 심야 시간에는 아무래도 일하기 힘들기 때문에 운행하는 택시 숫자가 줄어들게 된다.

초기 우버는 고급 리무진 차량을 호출하는 서비스로 출발했다. 미국 영화를 보면 고등학교 졸업 파티에 잘 차려입은 청춘 남녀가 검정색 고급 차량을 타고 가는 모습을 볼 수 있다. 이처럼 특별한 날이나 귀한 손님을 모실 때 주로 기사가 딸린 리무진을 탄다는 인식이 있다.

이런 리무진 차량 운전기사와 승객을 연결하는 것으로 우버는 사업을 시작한 것이다. 그래서 처음 기업 슬로건도 '모든 사람을 위한 개인 운전기사'였다. 마치 대기업 회장님이 된 것처럼 기사가 모는 차를 타고 이동할 수 있다는 것이다. 일반 택시보다는 조금 더 비싼 값을 주고 더 좋은 차량을 편하게 부르는 것에 초점을 두었다.

이후 우버는 사용자가 늘어남에 따라 비용 부담이 적은 상품들을 여럿 내놓았다. 개인이 일반 승용차를 이용해 운전하는 '우버 엑스', 가는 곳이 비슷한 사람들을 태워 일종의 합승처럼 운영하고 가격을 낮춘 '우버 풀(Uber Pool)', 일반 택시를 우버 앱으로 부르는 '우버 택시' 등 다양하다.

고급스럽고 편안한 서비스를 이용하고 싶은 사람부터 저렴하게 이동하고 싶어 하는 사람까지 다양한 사람들의 수요에 맞춰 교통 서비스를 확대한 것이다. 자전거와 전동 스쿠터 공유 사업도 하고 있으며, 심지어 헬리콥터나 전기 비행기를 이용한 운송 서비스도 준비하고 있다. 최근에는 음식 배달로도 사업을 빠르게 확장하고 있다. 도시에서 일어나는 모든 사람과 물건의 '이동'에 대한 서비스를 제공하는 것이 목표다. 윈도우10이 PC의 동작을 책임지는 OS 역할을 하는 것처럼 우버가 도시의 OS가 되겠다는 의미다.

불편한 대중교통에 시달리던 사람들에게 대안을 제시한 우버는 급속히 몸집을 키웠다. 2019년 매출은 141억 5,000만 달러, 우리 돈 약 16조 8,000억 원에 달했다. 현재 70개 가까운 나라, 1만 여 개 도시에서 서비스를 제공하며 우버 기사로 일하는 사람은 세 계적으로 300만 명에 이른다. 2019년 주식거래 대상 자격을 갖춰 주식시장에 상장도 했다.

하지만 빠른 성장을 위해 공격적인 마케팅에 엄청난 예산을 쏟아부은 탓에 아직도 막대한 적자를 내고 있다. 여기에 2020년 코로나19 팬데믹이 전 세계를 덮치면서 3개월간 매출이 전년 대비 35% 줄어드는 등 직격탄을 맞았다. 사회적 거리두기가 시행되고 재택근무와 온라인 개학이 늘어나면서 사람들의 이동 자체가 큰 폭으로 줄었기 때문이다.

*

우버는 사업을 시작한 지 10여 년 만에 세계 곳곳에 교통 혁명을 일으켰다. 우리가 당연하게 생각하던 교통과 이동의 개념을 완전 히 새롭게 바꿔버린 것이다. 가장 중요한 변화는 자동차를 소유하 지 않아도 살 수 있다는 가능성을 보여주었다는 점이다.

자동차는 편리한 문명의 이기와도 같다. 모든 사람이 자동차 를 사고, 혼자 운전해 도심의 직장으로 출퇴근하는 현대인의 일반 적 삶의 방식은 교통체증과 환경오염을 부추긴다는 비판을 받아 왔다. 게다가 전체적으로는 차량이 늘어나면서 혼잡과 오염도 커 졌지만, 대부분의 자동차들은 주차장에서 90% 이상의 시간을 보내는 등 비효율적으로 쓰인다. 우버는 기사와 승객 양쪽에 이득을 줌으로써 이런 문제들을 해결하는 효과적인 방법을 제시했다.

우버 이후 비슷한 차량 호출 서비스들이 세계 곳곳에 등장해 교통을 변화시켰다. 미국에는 리프트(Lyft)가 우버와 경쟁하고 있다. 중국에는 디디추싱이라는 기업이 5억 5,000만 명의 사용자를 보유하며 시장을 평정했다. 비슷한 차량 공유 기업들과 치열한 경쟁을 펼치고, 과감한 인수합병을 거듭해 결국 중국 시장의 90%를 차지하는 사업자가 되었다. 우버마저 중국에서는 디디추싱을 당해내지 못해 지분을 매각하고 철수할 정도였다.

동남아시아에서는 인도네시아와 말레이시아를 주무대로 활동하는 고젝(Gojek)과 그랩(Grab)이 현지의 불편한 대중교통 문제를 개선하며 사업을 확장했다. 이들은 현지 사정에 맞게 택시뿐 아니라 오토바이 호출 사업도 함께 했다. 이들은 대중교통 인프라가 잘 갖춰지지 않은 동남아시아 국가에서 편리한 이동을 가능하게 해 인기를 얻었고, 차츰 음식 배달과 결제, 금융 등 생활 전반에 걸쳐 다양한 서비스를 제공하는 '슈퍼 앱'으로 성장하고 있다.

*

한편, 우리나라에서 우버는 그리 성공적으로 정착하지 못했다. 우버는 2013년 한국에 진출했으나 계속된 택시 업계의 반발, 국토교통부와 서울시 등 주무 부처의 압박으로 제대로 사업을 이어가지

못하다가 결국 2015년 서비스를 종료했다. 2017년에는 음식 배달 서비스 '우버 이츠(Uber Eats)'를 국내에서 시작했으나 역시 별 성과를 못 내고 2019년 사업을 종료했다. 택시 업계의 반발과 강력한 규제 외에도, 우리나라의 대중교통 시스템이 비교적 잘 갖추어져 있어 다른 나라와 달리 우버의 수요가 크지 않았다는 점도 한국에서 우버가 실패한 원인으로 꼽힌다. 우버 이츠 사업 역시 배달의민족이나 요기요 등 이미 시장에 자리잡은 기존의 배달 사업자들을 극복할 만한 장점을 보여주지 못 한 것으로 풀이된다.

*

물론 우버의 시도에는 밝은 면만 있는 것은 아니다. 새로운 서비스를 선보인 만큼 어두운 그늘도 많이 드리웠다. 우버 모델에는 여러 가지 논란을 일으키는 요소들이 많았다.

일단 우버는 기존의 대중교통 규제 틀에 맞지 않는다. 택시 사업자는 정부 규제와 감독을 받는다. 개인택시 면허를 얻기 위해 수천만 원의 권리금(특수한 여건에서 비롯되는 이익의 대가로 지급하는 거액)도 낸다. 우버는 이러한 규제를 피해 가거나 의도적으로 무시하고 있다. 우버와 같은 대안 교통 서비스의 등장으로 택시 권리금도 영향을 받는다. 미국같이 우버가 활성화된 곳에선 권리금 폭락이 이미 일어나고 있다. 이는 개인택시 기사들에게 경제적 어려움을 더한다.

우버 기사는 단기 직원인지, 독립된 외부 계약자, 즉 프리랜서인지 헷갈리는 신분 문제도 논란이다. 본래 우버 기사는 회사와 계약한 외부 파트너로 간주되어 보험이나 유류 비용 등을 모두 스스로 처리해야 한다. 하지만 미국에서는 최근 이들을 직원으로 간주해야 한다는 법률이 잇달아 제정되고 있다. 실질적으로 모든 업무를 우버의 감독 아래 수행하기 때문이다.

우버식 일자리는 필요에 따라 일하는 유연한 노동 방식을 가능하게 하지만, 반대로 중간계층의 일자리를 불안정하게 만들 가능성도 높다는 우려가 꾸준히 나온다. 우버와 같은 플랫폼 경제의 그늘과 문제점에 대해서는 5부에서 자세히 알아보자.

택시는 왜 불편할까?

우버의 성장은 사실 기존 택시에 대한 사람들의 불만이 컸기 때문이라 할 수 있다. 대중교통, 특히 택시는 여러 문제를 안고 있다. 택시의 문제는 크게 규제의 문제와 정보비대칭성 문제로 나눌 수 있다.

택시에 대한 여러 규제가 있지만 가장 핵심적인 것은 결국 '진입규제'이다. 택시 운행을 하려면 정부의 면허가 필요하다. 이는 시장진입이 자유롭지 않아 택시 공급이 늘어나기 어렵다는 이야기다. 주말 밤의 강남이나 홍대처럼 사람들이 택시를 잡으려 한 시간도 넘게 보내야 하는 문제가 생긴다. 이렇게 택시 수가 부족한 상황에서도 택시가 더 투입되기는 어렵다. 반면, 평일 낮에는 기사가 손님을 찾아 LPG(액화 석유 가스)를 태우며 도시를 빙글빙글 돌곤 한다. 승객과 기사 모두 비효율적인 상황이다.

서울을 예로 들자면, 수요에 비해 택시 수가 절대적으로 낮다고 할 수만도 없다. 하지만 낮 시간대에는 택시 공급이 넘쳐 기사들이 괴롭고, 심야 시간에는 공급이 적어 승객들의 불편을 초래한다. 그럼에도 수요와 공급에 대한 조정은 적절하게 일어나지 않는다.

보통 어떤 분야에 수요가 많아지면 많은 사람들이 그 분야에 뛰어든다. 커피를 마시는 사람들이 늘어나면 카페도 함께 늘어난다. 골목마다 카페가 들어선 것은 그만큼 커피에 돈을 쓰는 사람들이 많아졌기 때문이다. 카페가 늘어나면서 스타벅스처럼 값비싼 카페뿐 아니라, 이디야처럼 부담이 적은 카페, 가격 대비 양이 많은 카페 등 소비자 기호를 맞추기 위해 다양한 카페가 생겨난다. 누구나 자유롭게 원하는 방식으로 카페를 시작할 수 있고, 소비자의 선택을 받지 못하면, 즉 장사가 잘 안 되면, 문을 닫아야 한다. 만약 카페 오픈에 제약이 있다면 카페 수는 제한되고, 사람들은 다양하지 않은 커피를 비싼 값에 마시게 된다.

그런데 택시 시장은 다르다. 택시 분야는 진입이 자유롭지 않다. 대중교통은 불특정 다수의 생명을 책임지는 일이기에 운전기사 자격 부여나 차량 관리, 운영 등에 정부가 깊숙이 개입한다. 택시의 시장 진입과 퇴출이 수요와 공급에 따라 조정되기 어려운 이유다.

정부는 택시의 총 운행 대수를 제한한다. 현재 서울 시내에 다니는 택시는 7만 3,000대, 전국적으로는 25만 5,000대 정도로, 1990년대 이후 거의 변함이 없다. 개인택시 면허도 최근 새로 부여하지 않고 있다. 택시 운행 시간을 정부가 지정하는 제도인 부제도 공급 유연성을 떨어뜨린다.

이는 우리나라만의 문제는 아니다. 프랑스 파리, 미국 뉴욕, 샌프란시스코 등 세계 대도시 어디에서나 비슷하게 일어나는 일이다. 프랑스 파리는 1937년 정부의 규제 정책 이후 오늘날까지 인구가 증가한 데 비해 택시 숫자는 크게 변하지 않은 수준이다. 당시 1만 4,000대였던 택시가 지금은 2만 대 안팎이다. 택시 수를 정부가 결정하게 되자, 경쟁을 피하려는 택시 업계의 로비도 거세졌기 때문이다. 뉴욕도 50년 가까이 택시 수가 거의 그대로이다.

또 다른 문제는 택시 기사 등 대중교통 종사자가 승객에게 친절하고 좋은 서비스를 해야 할 동기가 별로 없다는 점이다. 기사와 승객이 지속적으로 만나며 거래를 지속할 일은 거의 없다. 한마디로 '한 번 보고 다시 안 볼 사이'다.

어떤 가게가 손님들에게 불친절하고 파는 물건이나 서비스도 좋지 않다면, 손님들이 발길을 끊어 자연히 문을 닫게 된다. 하지만 택시의 경우 서비스가 형편없거나 불친절한 택시를 만난다 해도 소비자가 문제의 기사, 혹은 택시 회사를 시장에서 몰아내거나 그들에게 불이익을 줄 수 없다. 보통의 가게나 식당과는 달리 택시는 승객이 어떤 택시를 탈지 정확히 알고 선택할 수 없기 때문이다. 승객은 아무것도 모른 채 다른 승객에게 불쾌한 경험을 주는 택시에 타게 되고, 역시 피해를 입는다.

대중교통 소비자는 소비자로서 권리에 제약을 많이 받는 것이 현실이다. 이런 문제를 정보비대칭성이라고 할 수 있다. 승객이 자신이 타려는 택시에 대한 정보를 알기 어렵다는 말이다. 반면, 동네 식당 같은 경우 맛이 있는지, 사장님이 친절한지 등의 정보를 미리 파악하기 쉽다.

결국 시장 상황에 따라 수요와 공급이 원활하게 조정되지 못하며, 고객이 상품 혹은 서비스에 대해 정확한 정보를 얻기 힘들다는 점 때문에 택시 시장에 문제가 생긴다. 전형적인 비효율적 시장인 셈이다.

택시의 문제가 시장원리가 제대로 작동하지 않아 비효율적이기 때문에 생기는 것이라면, 결국 대중교통을 보다 시장친화적으로 만드는 것이 해결책이란 결론에 이른다. 우버의 인기도 시장 비효율에 대한 소비자들의 불만에서 원인을 찾을 수 있다. 수많은 논란에도 우버가 대중교통의 고질적인 문제점을 해결하려는 시도들(시장 상황에 따른 수요와 공급의 유연한 조정, 기사와 승객에 대한 별점 평가 등 정보 제공, 좋은 이동 경험을 제공하기 위한 인센티브 제공) 덕분이다.

어디서든 현지에 사는 것처럼!
- 에어비앤비의 등장

우버가 교통을 혁신한 플랫폼 기업이라면, 에어비앤비는 여행과 숙박업을 혁신한 플랫폼 기업이다. 플랫폼을 통해 새로운 가치를 만들어낼 수 있음을 보여준 대표적인 사례다. 에어비앤비를 통해 사람들은 자신의 집이나 방을 여행객들에게 제공하며 수익을 올릴 수 있고, 여행자는 비싸고 천편일률적인 호텔이 아니라 현지인의 집에서 머물며 색다른 여행의 재미를 느낄 수 있다.

에어비앤비는 숙박 공간을 제공하려는 사람과 숙박 공간을 찾는 여행객을 연결해주는 플랫폼이다. 에어비앤비에 집과 방에 대한 정보와 사진을 올리면 여행객이 보고 원하는 집을 고르는 방식이다. 사람들은 자신이 이용한 숙소에 별점을 매기고, 다른 사람들은 숙소를 예약할 때 이 정보를 참고할 수 있다. 에어비앤비는 고객이 내는 숙박비의 일부를 수수료로 받고, 숙소에서 위험한 일이 벌어지거나 관리가 소홀해지는 일이 없도록 가이드라인을 만들고 이를 지키도록 한다.

에어비앤비는 사람들이 여행하는 방법을 완전히 바꿔놓았다. 호텔을 하나도 갖고 있지 않으면서도 그 어떤 대기업 호텔보다 많은 사람에게 숙박을 제공하고 있다. 일반 가정의 방뿐만 아니라 아파트, 이글루, 보트, 심지어 성(城)에 이르기까지 다양한 공간에서 머물 수 있다.

이 회사는 2020년 33억 7,800만 달러의 매출을 올렸다. 코로나19로 여행 산업이 위기에 빠지면서 2019년보다 10억 달러 이상 줄었다. 하지만 비용 절감과 신규 서비스 개척 등을 통해 2020년 말 주식시장 상장에 성공했다. 에어비앤비는 팬데믹 전 기업가치 평가액이 310억 달러에 달해, 세계에서 두 번째로 가치가 높은 스타트업으로 평가됐다.

2020년 7월 현재 에어비앤비의 시가총액은 889억 달러에 이른다. 반면 세계 최대 호텔 기업인 힐튼은 366억 달러이다.

*

에어비앤비는 2008년 브라이언 체스키, 조 게비아, 네이선 블러차직 등 이십 대 청년 세 명이 미국 샌프란시스코에서 창업했다. 동갑내기인 체스키와 게비아는 유명 미술대학인 로드아일랜드 디자인스쿨에서 산업디자인을 전공했다.

이들은 졸업 후 샌프란시스코에 정착해 기회를 노렸으나 변변한 일자리를 구하지 못하고 있었다. 급기야 월세도 제대로 내지 못하는 형편이 되고 말았다. 그러던 중 2007년 샌프란시스코에서 산업디자인학회 콘퍼런스(대규모 회의)가 열렸다. 이런 큰 행사가 열리면 주변 호텔은 예약이 꽉 차고 숙박비는 껑충 뛰어오른다. 행사에 꼭 참가해야 하는 사람들은 곤란한 상황에 처하기 마련이다.

체스키와 게비아는 숙소를 구하지 못한 참가자들에게 돈을 받고 자신들의 집 일부를 빌려주는 아이디어를 냈다. 숙소(Bed)와 아침 식사(Breakfast)를 제공하는 'BnB' 사업을 단기간 시도한 것이다. 이들은 이 방법으로 일주일에 천 달러를 벌어 월세를 갚는다.

이 경험은 에어비앤비의 첫걸음이 된다. 이들은 집과 방을 임시로 빌려주는 비즈니스가 사업성이 있다고 판단한 후 본격적으로 집을 빌려주려는 사람과 빌리려는 사람을 연결해주는 온라인 사업을 시작했다. 게비아의 예전 룸메이트로, 하버드대학교에서 컴퓨터공학을 전공한 블러차직을 공동 창업자로 끌어들여 2008년 에어비앤비를 창업하게 된다.

처음에는 가시밭길이었다. 온라인으로 방을 단기간 빌려준다는 생소한 아이디어를 사람들은 이해하기 어려워했다. 위험 부담이 큰 기업에 투자하는 벤처투자가들마저도 회의적이었다. 이들은 신용카드를 여러 개 만들어 돌려 막으며 버텨나갔다. 디자인 전공을 살려 미국 대선 당시 버락 오바마와 존 매케인 후보의 캐리커처가 들어간 시리얼 박스를 만들고, 여기에 일반 시리얼을 넣어 팔기도 했다.

3년이 지나갈 무렵, 회사는 본격적으로 성장하기 시작했다. 예약 건수가 2011년 100만 건, 2012년 500만 건으로 늘어난 것이다. 페이스북과 인스타그램 같은 소셜미디어가 인기를 끌면서 에어비앤비는 소셜미디어에 올리기 좋은 독특한 여행 경험을 할 수 있는 서비스로 함께 인기가 높아졌다. 이글루, 전통가옥, 통나무집과 같은 독특한 숙소들이 본격적으로 에어비앤비에 등장했다. 단지 싼 값에 이용하는 숙소가 아니라 다양하고 개성 있는 여행을 즐길 수 있는 방법으로 간주되기 시작했다.

플랫폼 기업의 강력한 무기,
데이터와 알고리즘

우버 같은 플랫폼 기업의 가장 큰 무기는 무엇일까? 사용자가 많다는 점일까? 많은 거래가 이뤄진다는 점일까?

　사용자 수나 거래 규모는 매우 중요하다. 하지만 잘못하면 많은 사람들의 대규모 거래를 처리하느라 비용이 너무 많이 들어서 도리어 사용자가 늘어날수록 손해를 보는 경우도 있다. 사실 대형 플랫폼 기업의 상당수가 초기에는 늘어나는 사용자를 감당하기 위해 서버 등 인프라 확충에 투자를 하고, 더 많은 고객을 끌어들이기 위해 마케팅에 돈을 쏟아붓느라 적자에 빠지는 경우가 많다. 우버, 카카오, 배달의민족, 쿠팡 모두 막대한 적자를 오랫동안 기록했고, "언제 흑자전환하고 돈 버느냐?"는 우려 섞인 질문을 끊임없이 받기도 했다.

　그럼에도 플랫폼 기업이 적자를 감내하며 큰 투자를 하는 이유는 앞서 설명한 네트워크효과(상품과 서비스의 가치가 그 사용자 수에 영향을 받는 현상) 때문이다. 일단 시장을 지배하는 입지를 차지하면 수

플랫폼 생태계 구성 요소

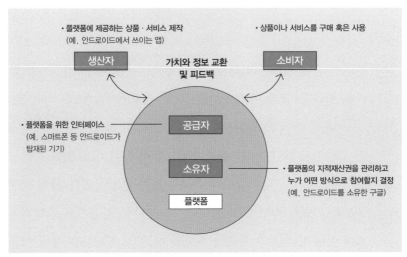

자료: LG경제연구원

요를 더욱 급속하게 빨아들일 수 있고, 경쟁사의 위협을 쉽게 물리쳐 1등 자리를 지킬 수 있기 때문이다. 이렇게 되면 수익성이 급속히 좋아진다.

이렇게 1등 플랫폼이 되고 네트워크효과가 일어나면 또 하나 좋은 점이 있다. 바로 고객과 사용자에 대해 풍부한 데이터를 얻을 수 있다는 점이다. 인터넷에서 일어나는 일은 모두 기록으로 남는다. 언제 접속했고, 어느 페이지를 방문했고, 무엇을 검색했는지, 어디에 오래 머물렀는지 등은 모두 소중한 정보가 된다. 이런 데이터를 모아 적절히 활용하면 서비스를 개선하고 수익성을 올리는 데 활용할 수 있다. 데이터를 많이 쌓으면 쌓을수록 더 유용하다. 이것이 바로 우리가 흔히 말하는 빅데이터가 된다.

1등 기업과 다른 기업의 차이가 벌어짐에 따라 데이터 격차도 점점 커지고, 이는 다시 기업 간 격차를 벌어지게 한다. 네이버, 카카오, 페이스북, 아마존, 구글 등 대표적 플랫폼 기업은 모두 시장에서 1등 자리를 지키며 방대한 데이터를 쌓고, 이를 잘 활용한 기업들이다. 데이터가 이들 기업의 진정한 경쟁력이자 가장 소중한 자산이라고 할 정도다.

우버 역시 데이터를 잘 활용해 편리한 차량 공유 플랫폼을 만든 기업으로 꼽힌다. 우버는 운전사와 승객에 대한 정보를 얻을 수 있다. 이를테면, 사람들이 언제, 어디서, 어느 곳으로 가기 위해 차량을 호출하는지 알 수 있다. 이동 거리는 보통 어느 정도 되는지, 어느 시간대에 호출이 많이 몰리는지 등도 알 수 있다.

이런 정보를 알면 차량을 효율적으로 배차해 기사들이 손님을 기다리며 버리는 시간을 줄이고 더 많은 수익을 올리게 할 수 있다. 또 기사는 승객이 많은 곳을 찾아갈 수 있다. 가장 빠르고 교통체증이 덜한 경로를 골라 차량을 안내할 수도 있다. 승객에게는 자신의 위치를 기준으로 차를 빠르게 탈 수 있는 곳을 알려주기도 한다.

금요일 밤이나 연말 송년회 시즌처럼 승객이 몰릴 것으로 예상되는 때에는 요금을 올려 더 많은 기사들이 나오도록 유도할 수도 있다. 이렇게 되면 기사는 더 높은 수익을 올리고, 차량 부족 현상이 줄어들어 승객 불편도 덜 수 있다. 이는 요금이 고정되어 있어 수요 변화에 대응하기 어려운 일반 택시와 다른 점이다.

또 기사와 승객이 서로 매기는 별점을 통해 쌓은 데이터도 전반적인 서비스 품질 개선에 도움이 된다. 서비스가 안 좋은 기사는 배차에 불이익을 받고, 무리한 요구를 하거나 무례한 승객 역시 차량 호출에 제약을 받을 수 있다.

축적된 데이터에 대한 분석을 통해 기사에게는 더 많은 차량 호출을 몰아주고, 승객에게는 편리하게 차량을 불러 이동할 수 있게 하는 것이다. 이 같은 데이터분석은 다른 플랫폼 기업에서도 유용하게 쓰인다. 페이스북은 사람들이 어느 포스트에 '좋아요'를 많이 누르는지, 어떤 광고를 클릭하는지 등에 따라서 페이스북 뉴스피드에 우선적으로 보여줄 콘텐츠를 결정한다. 구글은 사람들이 언제 어떤 검색어를 많이 검색하는지, 어떤 검색 결과를 클릭했을 때

오랜 시간 머무는지 등을 분석해 좋은 검색 결과를 판단한다.

데이터 수집과 분석은 고객이 더 편리하고 유용하게 서비스를 이용할 수 있게 해준다. 하지만 몇 안 되는 대형 플랫폼 기업에 데이터가 쏠리는 것은 문제를 일으킬 수 있다. 수많은 이용자의 데이터가 쌓임에 따라 특정 기업이 사용자 개개인에 대해 지나치게 많은 정보를 알게 될 우려가 있다. 프라이버시를 침해당할 우려가 커지는 것이다. 또 데이터 격차가 커짐에 따라 다른 경쟁사나 후발 기업은 1등 기업을 추격하기 점점 어려워져 경쟁이 약해지고, 다른 경쟁사를 이용하는 소비자가 피해를 입을 우려도 커진다. 이러한 데이터 독점 문제는 오늘날 대형 플랫폼 기업을 둘러싼 가장 중요한 이슈 중 하나로 자리 잡고 있다.

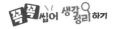

우리는 왜 카카오톡을 사용할까?

....

우리 주변에서 사람들이 흔히 사용하는 플랫폼들을 살펴보면 한 가지 공통점이 있습니다. 모두 굉장히 많은 이용자를 갖고 있고, 1등과 2등 기업의 격차가 매우 크다는 것이지요.

가족이나 친구들과 연락하기 위해 사용하는 모바일메신저를 생각해 봅시다. 아마 이 책을 읽는 여러분도 하루에 수십 건의 카카오톡 메시지를 주고받을 것 같은데요. 사람들이 메시지를 많이 주고받는다는 점, 즉 시장이 굉장히 크다는 것을 생각해 보면 여러 종류의 메신저가 고루 쓰이는 것이 합당할 듯합니다. 마치 롯데와 크라운, 오리온과 해태 등 기업들이 과자를 만들어 슈퍼마켓에서 경쟁하듯 말입니다.

그러나 우리나라 1등 메신저 카카오톡과 나머지 메신저들 사이에는 까마득한 격차가 있습니다. 카카오톡은 학생도, 직장인도, 할머니도, 할아버지도 쓰는 국민 메신저인데요. 국내 카카오톡 이용자 수는 한 달에 4,485만 명에 이릅니다. 우리나라 사람 대부분이라 해도 과언이 아니지요. 카카오톡에서 오가는 메시지는 하루 평균 110억 건에 이릅니다. 하지만 라인 메신저는 거의 쓰는 사람이 없습니다. 페이스북 메신저는 젊은 층에서는 쓰이지만, 모든 연령대가 쓰는 국민 메신저라고 할 정도는 아닙니다.

우리는 왜 카카오톡을 사용할까요? 카카오톡의 기능이 좋고 디자인이 예뻐서일까요? 하지만 다른 나라에서는 카카오톡이 힘을 못 쓰는 게 현실입니다. 한국에서는 별로 존재감이 없는 라인이 일본에서는 부동의 1위인 것처럼 말이지요. 다른 메신저들의 격차도 큽니다. 유럽이나 인도에서는 왓츠앱이라는 메신저가 압도적인 1위입니다. 사실 이들 여러 메신저가 기능적으로 크게 다르지는 않습니다.

포털사이트도 마찬가지입니다. 2000년대 초반에는 네이버와 다음, 그 외에 지금은 없어진 여러 포털사이트가 치열하게 경쟁했지만, 현재는 네이버가 우리나라 시장의 70% 이상을 차지하고 있습니다. 세계 검색 시장은 구글이 90% 이상을 차지합니다.

플랫폼은 왜 1등으로의 쏠림현상이 심하게 일어날까요? 초기에는 여러 기업이 치열하게 경쟁하지만 시장이 자리 잡으면서 절대우위를 가진 1개 플랫폼으로 시장이 정리됩니다.

그리고 가장 큰 이유로는 플랫폼 사업에 '네트워크효과'가 일어나기 때문입니다. 네트워크효과란 같은 제품을 쓰는 사용자가 더 늘어날수록 그 제품을 쓰는 효용이 더 커지는 것을 말합니다.

친구들이 아무도 페이스북을 하지 않는다면 페이스북은 재미없는 인터넷 사이트에 불과할 것입니다. 하지만 친구들이 모두 페이스북에 모임 사진을 올리고 댓글을 단다면 페이스북의 재미는 더 커지지요. 친구가 많아질수록 페이스북은 더욱 재미있어집니다.

카카오톡을 쓰는 사람의 전체 숫자가 몇 명 되지 않는다면 카카오톡 앱을 설치하는 것은 큰 의미가 없습니다. 톡을 보낼 수 있는 친구가 얼마 없기 때문이지요. 그러나 주위의 모든 사람이 카카오톡을 쓴다면 이야기가 달라집니다. 다른 친구들이 모두 단톡방에 모여 사진을 주고받을 때 나만 혼자 카카오톡을 안 쓴다면 친구들에게 소외되고 맙니다.

때로 품질 자체보다 네트워크효과가 중요한 경우도 많습니다. 카카오톡은 한국에서 네트워크효과를 일으키는 데 성공했습니다. 하지만 일본에서는 실패했지요. 카카오톡은 결국 일본에서 라인을 따라잡지 못 했고, 오히려 라인이 네트워크효과를 일으켰습니다.

플랫폼은 사용자가 몰릴수록 효용이 커지기 때문에 사용자가 많은 곳일수록 사람들이 더 많이 쓰게 됩니다. 사람들이 더 많이 쓰면 플랫폼의 효용은 더 커지는 순환이 일어나지요. 이미 익숙해지고 편리한 서비스가 있는데 굳이 비슷한 서비스를 여러 개 쓰는 건 번거롭습니다. 일단 한 제품이나 서비스에 익숙해지면 사용자는 굳이 다른 곳으로 옮겨가지 않으려는 경향이 있습니다. 그래서 플랫폼은 1등 사업자가 시장을 독점하다시피 하고 경쟁 사업자는 세력이 미미한 경우가 많지요.

이처럼 플랫폼은 커지면 커질수록 편리해지고, 동시에 더 위험해질 수 있는 특성을 갖고 있습니다.

3부 스마트폰만 터치하면 무엇이든 손끝에!

배달이 편해졌어요!

스마트폰과 함께 등장한 모바일 서비스의 가장 대표적 특징이 '온디맨드'이다. 소비자가 원할 때 최대한 빨리 서비스가 가능하도록 해준다는 것이다.

소비자들은 언제나 빠른 서비스를 원했지만, 스마트폰의 보급과 함께 이는 더욱 중요한 일이 되었다. 필요한 것이 있을 때마다 궁금한 것이 생길 때마다 언제든 스마트폰을 들 수 있게 되었기 때문이다. 이제 사람들은 궁금한 것은 바로 검색하고 지나가다 쇼윈도에서 본 물건의 가격을 바로 확인할 수 있다. 낯선 동네 한복판에서도 목적지까지 안내를 받을 수 있고 근처에 어떤 음식점이 있는지 알 수 있게 됐다. 이사 가고 싶은 동네의 전세와 월세 시세, 관심 있는 집의 상태를 스마트폰으로 집에서 바로 확인할 수 있다.

사람들의 이런 다양한 필요와 요구에 빠르게 대응하는 서비스들이 등장해 인기를 얻기 시작했다. 차로 이동하고 싶을 때 쉽게 차를 부를 수 있게 해준 것이 앞장에서 살펴본 차량 공유 혹은 차량 호출 서비스다. 차량 호출 외에도 온디맨드 서비스가 성공적으로 자리 잡은 대표적 분야가 음식 배달과 택배 배송이다.

음식 배달과 택배는 모두 스마트폰 이전부터 있던 것들이다. 하지만 스마트폰의 등장과 함께 더 다양하고 더 커진 사람들의 수요에 빠르게 대응하면서 과거와는 비교할 수 없이 큰 영역으로 성장했다. 음식과 쇼핑은 우리 일상에서 빼놓을 수 없는 중요한 부분이고, 그만큼 사람들의 수요도 큰 분야이기에 성장도 빨랐다고 할 수 있다. 스마트폰과 모바일 인터넷 등 디지털 기술을 이용해 주문하고, 실제 물건을 받는다는 점에서 과거 아날로그 시대와는 달라진 오늘날 일상의 모습을 가장 잘 보여주는 분야이기도 하다.

음식 배달 전성 시대

요즘 길을 다니다 보면 가장 많이 볼 수 있는 모습 중 하나가 수없이 지나다니는 음식 배달 오토바이다. 물론 예전에도 음식 배달은 있었다. 우리나라는 다른 나라에 비해 배달 음식 문화가 매우 발달한 곳이기도 하다.

조선 후기 실학자 황윤석의 일기 《이재난고(頤齋亂藁)》에 1768년 어느 날, "과거시험을 본 다음날이면 평양냉면을 시켜 먹었다"라는 구절이 나오고, 태조 때부터 철종 때까지 472년 동안의 역사적 사실을 기록한 《조선왕조실록》에는 순조가 달 구경을 하다 내관에게 냉면을 사오라고 시켰다는 기록도 나온다. 조선 시대의 인기 배달 음식은 냉면이었나 보다.

그러나 배달은 주로 짜장면이나 치킨, 피자 등 몇몇 종류의 음식에 한정되어 있었다. 배달 음식점들은 각각 배달원을 두고 주문을 받아 배달을 했고, 배달원이 없는 대부분의 식당은 방문 손님만 응대했다. 소비자도 주변 배달 음식점에 대한 자세한 정보를 알기 어려웠다. 식당이 뿌린 전단지나 지역 배달 음식점 소개 책자를 보고 주문할 음식점을 고르곤 했다. 배달은 그야말로 동네 장사였다. 그리고 이런 모습이 크게 변하리라 생각한 사람들은 거의 없었다.

반면 현재 우리는 굉장히 많은 음식을 배달 주문해 먹고 있다. 배달의민족이나 요기요 같은 앱을 열어 수많은 배달 음식점 메뉴와 정보를 확인하고 화면 터치 몇 번으로 음식을 주문할 수 있다. 거리에는 저마다 배달 대행업체 로고가 찍힌 오토바이들이 바쁘게 오가고, 음식점 카운터에 놓인 단말기에서는 주문 접수를 알리는 벨 소리가 끊임없이 울린다.

과거에는 배달하지 않던 식당, 배달하지 않던 음식도 이제는 배달을 통해 편리하게 우리 집 문 앞에 도착한다. 우리는 마치 음식 배달이라는 신기한 일을 처음 접하기라도 한 것처럼 더 자주 음식 배달 서비스를 이용하게 됐다. 통계청에 따르면 2019년 우리나라에서 배달을 포함한 음식 서비스 거래액은 9조 7,365억 원으로 전년보다 85% 가까이 늘어났다. 공정거래위원회는 우리나라 배달 음식 시장규모가 약 20조 원, 이용자는 2,500만 명에 이를 것으로 추산한다.

더구나 2020년 뜻하지 않은 코로나19 팬데믹이 세계를 덮치면서 음식 배달은 더욱 활성화됐다. 외출과 모임이 자유롭지 않으니 사람들이 배달 주문을 점점 더 많이 하게 된 것이다. 국내에서 코로나19 환자가 본격적으로 나타난 2020년 2월 말에서 3월 초 사이, 배달의민족 주문 건수는 2주 전 같은 기간에 비해 8.4%나 늘었다. 요기요도 비슷한 시기 카페 및 디저트 음식 주문이 그 전달에 비해 18% 늘었다.

8월 말, 코로나19가 다시 확산되는 조짐을 보이며 사회적 거리두기가 강화되자 배달 수요는 또 늘었다. 8월 말, 밤 9시 이후 음식점 영업 금지, 프랜차이즈 카페 포장 및 배달만 허용 등의 내용을 담은 사회적 거리두기 2.5단계가 실시된 직후 3일간 배달의민족 주문은 그 전주보다 8.3% 늘었다.

국내 배달 시장은 배달의민족과 독일계 기업 딜리버리히어로의 한국 법인 요기요 및 배달통 등이 치열하게 경쟁하며 성장했다. 배달의민족은 2010년 우리나라 스타트업인 우아한형제들이 내놓은 서비스다. 요기요는 독일 딜리버리히어로가 2012년 우리나라에 설립했고, 배달통은 2015년 요기요에 인수되었다. 2019년 우아한형제들이 딜리버리히어로에 인수됨에 따라 우리나라 배달 시장은 딜리버리히어로를 중심으로 통합됐다.

6년간 배민으로 주문한 치킨

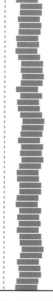

3,889,605m
한라산을 2,000번 등반할 수 있는 높이

한라산	백두산	에베레스트	치킨 누적 판매량
1,950m	2,743m	8,848m	5천 5백만 상자

(2016. 5. 우아한형제들)

배달의민족

오늘날 우리나라 음식 배달은 모바일앱 '배달의민족'을 빼놓고 생각할 수 없다. 단지 배달 음식 주문을 편리하게 한 것, 기발하고 흥미로운 마케팅으로 소비자 뇌리에 남은 것을 넘어 사람들이 음식을 먹고 즐기는 문화를 바꿔놓았고, 우리나라 요식업 전체를 뒤흔들어 놓았다고 해도 과언이 아니다. 배달의민족 앱은 2010년 처음 세상에 나왔다. IT 기업에서 일하던 디자이너 김봉진과 개발자 김광수 형제가 힘을 합쳐 만들었다. 그래서 회사 이름이 우아한형제들이다. 작은 앱 개발사로 출발해 10년이 안 되어 4조 원이 넘는 가격에 해외 기업에 매각되며 창업 신화를 쓰기도 했다.

2010년이면 우리나라에 스마트폰이 막 등장해 인기를 끌던 때이다. 사람들이 스마트폰으로 하는 일에 사업의 기회가 있을 것으로 생각해 처음에는 전화번호를 안내하는 옐로페이지(전화번호 정보 서비스)를 구상했다. 일종의 전화번호부 사업이었지만 큰 성공을 거두지 못했다. 이후 배달 음식점 정보를 제공하는 앱으로 사업 방향을 전환한다. 사람들이 전화로 하는 여러 일 중 가장 많이 하는 음식 배달 주문에 초점을 맞춘 것이다.

이들은 시내 곳곳을 돌아다니며 식당 전단지를 수집하고 관련 정보를 하나하나 입력하면서 앱을 만들었다. 시작은 미약했으나 출시 직후부터 폭발적인 인기를 끌었다. 2010년 출시 후 바로 앱스토어 1위를 차지했다. 2012년에는 앱 안에 결제 기능을 붙여서 주문과 동시에 바로 간편하게 결제할 수 있도록 했다. 2013년에는 월간 사용자 100만 명, 등록 업소 10만 곳을 돌파했다.

2016년에는 배달의민족을 통해 주문된 음식값의 총합을 말하는 거래액이 연간 1조 원을 돌파했다. 월간 주문은 750만 건에 달했다. 이때까지 누적 치킨 판매량은 5,500만 건으로, 여기에 쓰인 치킨 상자를 쌓으면 389만 km에 이른다. 에베레스트산 정상을 439번 오른 것과 같은 높이이다.

배달의민족은 성장을 거듭해 2019년에는 매출 5,654억 원을 기록했다. 2015년에 비해 10배 이상 늘어난 액수다. 거래액은 8조 6,000억 원을 기록했다.

배달의민족은 독특한 마케팅으로도 주목을 끌었다. 2014년 아직도 많은 사람들의 기억에 남아 있는 배달의민족 광고를 시작했다. 이전까지는 대기업이나 소비재 기업의 전유물이던 TV 광고를 모바일 게임사 등 신생 스타트업이 대대적으로 진행하던 때였는데, 배달의민족 광고는 그중에서도 눈에 띄었다. '우리가 어떤 민족입니까?' '선영아 너는 먹을 때 제일 예뻐!' 등의 광고가 사람들의 눈길을 끌었다.

소믈리에가 한 모금 맛만 보고 포도주 이름과 생산 연도를 맞히듯 여러 개의 치킨 조각을 먹고 브랜드를 맞히는 치믈리에 대회를 개최했고, 한글 서체를 개발해 무료로 보급하는 등 독특한 마케팅은 매번 화제가 되었다. 피식 웃음이 나는 기발한 문구가 들어간 판촉 상품들도 인기였다. 독특한 디자인과 재미있고 엉뚱한 정서로 회사를 지속적으로 알림으로써 배달 음식의 주 고객층인 젊은 세대의 관심을 사로잡았다는 평가를 받는다.

배달의민족을 운영하는 우아한형제들은 2019년 12월, 독일의 온라인 음식 배달 기업 딜리버리히어로와의 인수합병을 발표했다. 인수합병은 기업이 다른 기업의 주식을 취득하며 경영권을 갖고 하나의 기업으로 합쳐지는 것을 말한다. 이로써 배달의민족이 게르만민족이 된 것이다. 딜리버리히어로는 세계 곳곳에서 음식 배달 사업을 하고 있으며, 우리나라에서는 요기요와 배달통을 운영하고 있다. 우아한형제들의 기업가치는 40억 달러, 우리 돈 약 4조 7,500억 원으로 평가됐다.

국내외 투자자가 가진 지분 87%는 딜리버리히어로가 인수하게 됐다. 김봉진 대표 등 우아한형제들 경영진은 보유한 13%를 딜리버리히어로 본사 지분으로 전환해 받고, 딜리버리히어로의 아시아 사업에 참여한다. 다시 말해, 딜리버리히어로 경영이 나빠져 주가가 떨어지면 우아한형제들 경영진에 돌아오는 것도 줄어든다는 이야기다.

배달의민족 같은 모바일앱이 등장하면서 우리가 즐기는 배달 음식 산업의 구조도 과거와는 달라졌다. 과거 음식 배달은 식당 전단지나 냉장고에 붙은 홍보 자석을 보고 손님이 전화해 음식을 주문하고, 식당 직원인 배달원이 음식을 집이나 사무실에 가져오는 직거래였다.

배달 음식 앱은 식당과 손님들을 연결하며 새롭게 등장했다. 배달 음식점에 대한 정보를 한데 모아 보여주고 소비자가 주변 음식점 정보를 쉽게 찾아볼 수 있게 했다. 소비자는 기존에 몰랐던 음식점들을 새로 알게 됐다. 뿐만 아니라 메뉴, 가격 외에 먼저 먹어본 사람들의 리뷰까지 확인할 수 있어 선택에 도움이 됐다. 리뷰는 이제 음식 주문에 앞서 빼놓을 수 없는 필수 정보가 되었고, 리뷰에 따라 식당의 매출이 좌우될 정도에 이르렀다.

배달 음식 앱은 매장에 전화를 걸지 않고 앱에서 바로 음식을 골라 주문할 수 있다. 전화를 하지 않는 것만으로도 주문 절차를 간소하게 해주지만, 주문 때문에 전화로 대화하는 것을 부담스러워하는 사람들이 의외로 많아 더욱 인기가 높은 기능이다. 앱에서 주문하면서 바로 결제도 되기 때문에 배달원과 돈이나 신용카드를 주고받는 번거로움도 없다.

배달 음식 주문이 활성화되면서 함께 커진 산업으로 배달 대행이 있다. 음식을 배달 판매하는 음식점에 오토바이 배달 기사를 제공하는 사업이다. 식당에 배달 앱으로 주문이 들어오면 식당과 계약한 배달 대행 회사의 오토바이 기사들에게 알림이 가고,

이 주문을 받은 기사가 식당에 가 음식을 받아 손님에게 배달하는 구조다.

배달 대행사는 오토바이 기사들의 네트워크를 관리하며 식당에 들어온 배달 요청을 처리한다. 오토바이 기사는 배달 대행업체에 소속되는 경우도 있고, 프리랜서로 뛰는 경우도 있다. 음식점은 배달 기사를 고정적으로 둘 필요 없이 주문량이 늘어나고 줄어드는 데에 따라 유연하게 대처할 수 있다.

배달 대행의 등장으로 또 달라진 점은 기존에 배달을 하지 않던 식당 음식도 배달해 먹을 수 있게 됐다는 점이다. 배달 대행사와 계약만 하면 식당에서 라이더를 통해 음식을 보낼 수 있기 때문이다. 손님들은 배달을 안 하는 맛집 메뉴뿐만 아니라 떡볶이, 튀김, 도넛 등 본래 배달 대상이 아니었던 음식도 편하게 주문해 먹을 수 있게 됐다.

모바일 배달 주문 앱은 배달 음식의 규모 자체를 크게 늘린 것으로 평가된다. 물론 앱이 음식 배달 시장의 확대를 가져온 유일한 원인은 아니다. 앱을 통한 음식 배달 증가는 사람이 사는데 꼭 필요한 먹는 행위가 스마트폰의 확산이라는 기술적 변화와 1인가구 증가 등 사회적 변화와 맞물려 일어난 현상이라고 할 수있다.

1인가구 증가와 맞벌이 확산 등 생활 방식의 변화는 음식 문화에도 많은 영향을 미쳤다. 직장과 학업, 늦어진 결혼 등의 이유로 혼자 사는 사람들이 점점 늘어나고 있다. 아버지는 직장에 다니고 어머니는 집에서 살림하며 식사를 준비하던 전통적 생활 방식도 드물어졌다.

주말에 차를 타고 가서 한 번에 많은 양을 사는 대형마트보다 근처에서 필요한 양만큼 살 수 있는 편의점의 성장 속도가 빨라지고, 다양한 국과 반찬을 쉽게 만들어 먹을 수 있는 간편식 시장 규모가 커졌다. 마트에 가면 육개장, 곰탕, 황탯국, 부대찌개 등 각종 국과 찌개부터 냉동 만두, 불닭볶음 등 간식과 안주까지 온갖 종류의 음식이 간편하게 데우기만 하면 먹을 수 있는 상태로 나와 있는 것을 볼 수 있다.

배달 음식의 확대 역시 이와 같은 추세에 따른 것으로, 혼자 살며 끼니마다 밥을 만들어 챙겨 먹기 힘든 사람들의 모습이 반영된 것으로 볼 수 있다. 늘어난 고객층에 맞춰 보다 다양한 선택지를 제공하려는 요식업계의 노력이 배달 음식의 다양화로 이어진 것이다. 보건복지부에 따르면 우리나라 1인가구는 2019년 약 599만 가구로 전체 가구의 29.8%를 차지했다. 3가구당 한 곳은 혼자 사는 집이라는 이야기다. 1인가구 수는 2020년 617만, 2030년 744만, 2045년 832만 가구가 될 것으로 보인다.

사회 변화에 따라 음식 배달 시장이 커지고, 이에 발맞춰 배달 음식 관련 정보를 전하고 식당과 고객을 편리하게 연결하는 배달 앱도 성장했다. 그러나 배달 앱의 성장은 문제도 일으켰다. 배달 앱이 음식점이 얻어야 할 이익을 빼앗아 간다는 이른바 '갑질' 논란이다. 본래 식당과 고객으로만 이뤄져 있던 배달 음식 시장에 배달 앱이 일종의 중개자로 등장하면서 필연적으로 나타나는 문제가 됐다.

배달 앱 덕분에 생기는 편리함과 거래량의 확대 못지않게 음식점 수수료 부담 문제도 꼼꼼히 살펴야 한다. 음식 배달 앱의 수익 모델은 주로 음식 주문에 대한 수수료와 앱 광고비 등으로 구성된다. 수수료는 앱을 통해 발생하는 거래의 일정 부분을 받는 가장 직접적인 방식이다. 배달의민족의 경우, 앱을 통해 결제된 금액의 6.8%를 수수료로 받는다. 또 일정 반경 이내의 음식점 검색에서 상단에 노출되는 정액제 광고 상품도 함께 운영한다. 네이버나 구글에서 특정 키워드로 검색할 때 나오는 검색 결과의 상단에 자사 사이트를 올리는 검색 광고와 비슷한 모델이다. 요기요와 쿠팡 이츠는 각각 매출의 12.5%와 15%를 정해서 수수료로 받는다.

문제는 요식업 대부분이 영세한 자영업이고 경쟁이 치열한 상황에서 이러한 수수료는 상당한 부담이 된다는 점이다. 2만 원짜리 치킨 한 마리를 팔면서 배달 앱 수수료, 배달 대행 요금, 신용카드 결제 수수료 등을 떼고 나면 음식점에 떨어지는 이익은 거의 없다는 불만이 제기될 수밖에 없다. 인건비와 임대료 부담이 나날이 커지는 가운데 음식 배달 앱 수수료까지 새로운 지출 요소가 된 것이다. 음식점 입장에서는 다른 음식점이 모두 배달 앱을 활용해 영업하고, 소비자도 대부분 배달 앱으로 주문하기 때문에 배달 앱 없이 영업하기란 쉽지 않다. 울며 겨자 먹기로 배달 앱에 입점해 수수료를 내고 광고를 해야 하는 것이다. 배달 앱에서 각종 할인을 유도하는 프로모션 마케팅에 억지로 참여해야 하는 경우도 있다.

이에 따라 본래 시장에 없던 배달 앱 사업자가 새로 시장에 끼어들어 플랫폼에 대한 통행세 명목으로 음식점에 돌아갈 몫을 빼앗고 있다는 불만이 팽배하다. 배달의민족이 과금 체제를 바꿀 때마다 거센 반발과 논란이 일어나는 이유다.

하지만 배달 앱이 있기에 소비자가 더 많은 음식점을 알게 되어 주문하는 것도 사실이다. 앱에서 확인할 수 있는 다양한 음식점의 메뉴와 가격, 리뷰, 편리한 결제 시스템 등은 고객이 안심하고 더 많이 주문하도록 돕는 역할을 한다. 음식점은 배달 앱이 없었다면 만나지 못할 고객을 얻은 것이다. 배달 앱이나 배달 대행 서비스를 통해 배달 기사를 쓰면 매장에서 기사를 항상 고용하는 부담을 덜 수 있고, 기사를 고용할 여력이 없는 가게도 배달 판매를 할 수 있다.

문제는 이러한 편리에 대한 적정가격이 얼마인지 생각해 봐야 한다는 것이다. 그리고 배달 앱이 우월한 지위를 이용해 음식점이나 고객 입장에서 불합리한 일을 강요하지 못하도록 하는 방법도 고민해 봐야 한다. 시장에서 제대로 된 경쟁이 일어나 적절한 균형점을 찾아내고 음식점이나 소비자가 피해를 입는 일을 막는 것이 최선이다.

시장이 제대로 작동할 수 있도록 정부에서도 신경을 쓰고 있다. 공정거래위원회는 딜리버리히어로가 우아한형제들을 인수하는 데 시장독점이 생겨나지 않을까 조사했었다. 두 회사의 합병이 국내시장의 경쟁을 저해한다고 판단하면 정부는 이를 규제할 수 있기 때문이다(자세한 내용은 111쪽에서 알아보자). 오랜 검토를 거쳐 결국 공정위는 딜리버리히어로가 기존 국내 자회사인 요기요를 매각하는 조건으로 합병을 승인하게 됐다.

이 문제에 대해 당연히 음식을 주문하는 소비자, 음식점 운영자, 배달 앱을 운영하는 기업의 입장이 각자 다르다. 소비자는 배달 앱에서 얻을 수 있는 풍성한 정보, 주문과 결제의 편의성, 프로모션으로 주어지는 여러 가지 할인 혜택을 원한다. 한편, 플랫폼이 음식점을 착취하기를 원하지는 않는다. 음식점은 배달 앱을 통해 더 많은 고객을 만나고 더 많은 주문을 받을 수 있다는 점을 적극 활용하려 하지만, 배달 앱으로 인해 발생하는 판매, 결제, 배달 수수료 등의 부담은 최소화하려 한다.

배달의민족과 같은 배달 앱 관련 기사의 댓글에는 수수료가 불로소득이라며 배달 앱을 비난하는 사람들과 배달 앱의 편리함과 음식점의 미흡한 서비스를 비판하는 사람들의 갑론을박이 이어진다. 차량 공유 서비스 관련 기사에서 우버를 비난하는 사람과 택시를 비난하는 사람들이 서로 싸우는 것과 비슷한 모습이다.

이 같은 배달 앱의 문제는 1부에서 다룬 플랫폼의 성격과도 연결된다. 많은 경우 플랫폼은 서로 다른 성격의 두 사용자 집단을 동시에 상대해야 한다. 배달의민족이나 요기요 같은 배달 음식 앱은 공급자인 음식점과 수요자인 소비자에게 모두 가치를 제공해서 양쪽 모두 플랫폼에 머물러 활동하게 해야만 유지된다.

음식점과 손님은 서로를 필요로 하지만 양측이 바라는 바가 항상 일치하지는 않는다. 음식점은 프로모션에 참여하라는 플랫폼 운영사의 요청이 부담스럽고, 때로는 압박으로 느껴질 수 있다. 한편으로는 이 같은 프로모션으로 사용자가 늘어나면 사업에 도움이 된다. 많은 소비자들이 배달 앱을 적극적으로 사용하게 되면 더 많은 식당이 배달에 나서고, 이는 다시 소비자들에게 더 다양하고 좋은 음식을 선택하는 기회로 이어진다.

늘어나는 리뷰는 소비자에게는 선택에 도움이 되는 정보이지만, 식당 사장님에게는 시간을 써서 관리해야 하는 또 다른 업무가 된다. 부당한 요구를 한 후 별점 하나와 악성 리뷰를 다는 '블랙컨슈머'는 많은 식당의 골칫거리다. 가짜 리뷰라도 써서 고객을 모아야 하는 음식점과 리뷰를 믿어도 되는지 의심하며 광고성 리뷰를 골라내려는 고객과의 숨바꼭질도 펼쳐진다.

음식 배달 앱은 다양한 정보와 편의성으로 고객층을 확대할 수 있다는 이점을 앞세워 음식점에서 수수료를 받지만, 음식점은 이 지출이 매출 확대에 얼마나 기여하는지 따져봐야 한다. 그리고 이 과정에서 지출을 최소화하려는 식당과 수익을 창출해야 하는 배달 플랫폼 사이엔 언제나 의견의 차이가 생기기 마련이다. 이 차이를 둘러싼 논쟁은 지금도 곳곳에서 벌어지고 있다.

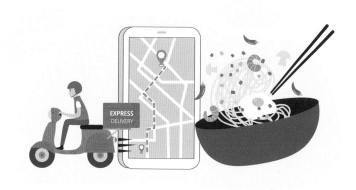

새벽에 로켓이?
아마존과 쿠팡이 배송 전쟁에 나선 이유

우리 집을 찾아오는 사람 중 가장 반가운 사람은 누구일까? 혹시 택배 기사는 아닐까? 온라인쇼핑이 활성화되면서 택배는 우리에게 매우 친숙한 존재가 되었다. 과거에는 마을 집집마다 다니며 소중한 사람의 편지를 전하는 집배원이 반가운 사람이었다면, 이제는 갖고 싶던 물건을 전해주는 택배 기사가 그 자리를 대신하게 됐다.

택배란 물건이나 서류 등을 보내는 사람을 대신해 지정한 수신인에게 전달해주는 사업을 말한다. 일반적인 우편보다 빠르고 정확하며, 배송 상황을 추적할 수도 있어 프리미엄 서비스라 할 수 있다. 택배의 기원을 찾자면 먼 옛날 편지를 전하던 전령이나 비둘기의 역할로 거슬러 갈 수도 있겠다. 아테네까지 뛰어가 마라톤 전투 승전보를 알리고 숨졌다는 그리스 전령도 택배 기사 역할을 한 셈이다.

택배를 현대적인 산업으로 발전시킨 지역 중 한 곳이 미국이다. 미국에서는 19세기 말, 골드러시로 인해 금을 얻으려고 서부로 이동하는 사람이 늘어나면서 소포를 배송하는 서비스가 활발해졌다. 땅이 넓고 인구가 여러 지역에 드문드문 흩어져 있는 미국 같은 나라에서 택배의 역할이 컸다. 현재 미국 택배 시장규모는 약 590억 달러로 추산된다.

우리나라에서는 1992년 한진이 시작한 '파발마'가 최초의 택배 서비스였다. 우리나라 택배 산업의 역사는 약 30년 정도 되는 셈이다. 1995년 케이블방송 개국과 함께 TV 홈쇼핑이 등장했고 이후 인터넷 확산으로 전자상거래가 활성화되면서, 택배는 2000년 이후 매년 20% 이상씩 성장했다. 택배 기업들은 잇단 인수합병을 거쳤고 현재는 3~4개 대형 기업이 시장을 주도하고 있다. 한국통합물류협회에 따르면 국내 택배 물량은 2015년 18억 개에서 2018년 25억 개로, 2019년에는 27억 개로 늘어난 것으로 추산된다.

오늘날 우리가 당연하게 생각하는 홈쇼핑과 전자상거래는 택배가 없다면 존재할 수 없었다. 택배로 인해 우리는 온라인쇼핑몰에서 접한 수많은 상품 중 원하는 것을 집이나 사무실에서 편안하게 받아볼 수 있다. 그러나 택배를 통한 전자상거래에는 약점도 있다. 가게에 가서 직접 사는 경우와 달리, 원하는 순간 바로 물건을 손에 쥘 수 없다는 점이다. 배송 과정에서 물건이 사라지거나 배달이 지연되는 경우도 간혹 생긴다. 무엇보다 지금 당장 필요한 물건이라면 전자상거래와 택배가 큰 도움이 되지 않는다.

그나마 우리나라는 국토가 좁고 인구밀도가 높으며, 도로 등

인프라가 잘 깔려 있는 데다 기업 간 경쟁이 치열해 택배 서비스 품질이 높은 편이다. 특별한 문제가 없는 한 전자상거래로 주문한 물건은 2~3일 내에 우리 앞에 도착한다. 그럼에도 택배는 물건을 고르고 주문하고 결제해 받는 온라인쇼핑 전체 과정에서 가장 소비자 불만이 많은 부분이기도 하다. 물건을 판매하는 기업과 이들 기업의 물량을 받아 배송하는 택배 기업이 서로 다르기 때문에 관리가 어려운 측면도 있다.

그런데 더 나은 배송을 차별화 요소로 내세운 전자상거래 기업이 등장했다. 바로 아마존이다. 아마존은 2005년 '아마존 프라임'이라는 프리미엄 서비스를 시작했다. 연간 회비를 내면 음악, 영화 스트리밍, 상품 할인 등 여러 서비스를 이용할 수 있는데, 이중 모든 상품이 2일 내 배송되는 혜택이 포함되어 있었다. 택배망이 촘촘히 잘 되어 있는 우리나라와 달리 미국에서 2일 내 배송

은 당시에는 거의 불가능에 가까운 무모한 도전으로 여겨졌다. 물류 센터를 짓고 배송망을 운영하는 데 막대한 자금이 들어가기 때문이다. 그러나 아마존은 전국 곳곳에 계속 물류 센터를 짓고 전용 화물 비행기까지 구매하는 등 투자를 아끼지 않았다.

아마존은 기존 택배 기업들에 맡기는 화물 물량 외에도 효율을 높이기 위해 물류를 직접 처리하기 시작했다. 아마존이 직접 처리하는 물량이 늘어나면서 아마존과 페덱스(FedEx), UPS 등 기존 택배 업체는 서로 협력하던 관계에서 경쟁 관계로 바뀌어 가고 있다. 페덱스는 2019년 아마존을 물류 사업의 직접적인 경쟁자로 언급했다. 아마존 역시 자사 비즈니스가 물류 기업들과 경쟁 관계에 놓였음을 인정했다.

배송을 빠르게 하기 위해 물류 센터 등 기반 시설뿐만 아니라 인공지능(AI) 알고리즘과 소프트웨어 분석도 적극 활용했다. 고객들의 행동에 대한 데이터를 수집하고 분석해 언제 어떤 상품을 많이 구매하는지 파악하면, 수요가 많을 것으로 예상되는 제품을 미리 가까운 물류 센터에 충분히 쌓아 놓아 주문이 들어왔을 때 빠르게 배송할 수 있다. 우리가 어떤 물건을 실제로 주문하기도 전에 물류 센터에서는 이미 주문을 예상하고 상품을 준비하고 있는 것이다. 상품 진열 위치와 물건을 꺼내는 동선 등도 데이터분석을 통해 최적화한다.

또 아마존은 로봇 기술을 가진 기업들을 대거 인수, 물류 창고에서 로봇들이 물건을 나르고 분류하며 선적하는 작업들을 하게끔 하고 있다.

이 같은 노력에 힘입어 현재 연간 119달러의 회비를 내는 아마존 프라임 회원은 1억 5,000만 명에 이른다. 빠른 배송의 편리함은 아마존 고객을 붙잡는 강력한 무기가 되었다. 2020년 코로나19로 사회적 거리두기가 이어지고 온라인쇼핑이 더욱 늘어나면서 아마존 프라임 회원은 2억 명으로 늘어나리라는 전망도 나온다.

배송을 통해 사용자에게 차별적 이미지를 각인한 아마존의 전략을 그대로 행동에 옮긴 기업이 바로 쿠팡이다.

스마트폰이 막 보급되던 2010년 전후, 전 세계적으로 소셜커머스라는 서비스가 등장해 크게 성장했다. 소셜커머스는 식당이나 가게, 미용실, 여행지 호텔 등의 할인쿠폰을 모아 제공하는 전자상거래 사이트다. 소셜커머스 기업이 가게를 찾아 할인 이벤트를 할 것을 제안하고, 이들의 쿠폰을 자사 사이트에 모아 소개하고 판매한다. 프로모션 마케팅을 할 필요가 있는 가게와 계약해 할인 혜택을 원하는 손님을 몰아 주고 소셜커머스 기업은 쿠폰 판매액의 일부를 수수료로 받는 형태다.

일종의 레스토랑 공동구매라고 할 수 있다. 스마트폰을 가진 사람은 언제든 앱을 열어 인근 식당이나 가게를 찾고, 할인쿠폰을 사서 방문할 수 있기 때문에 모바일 시대의 마케팅 수단으로 각광받았다. 식당 등 오프라인 사업을 온라인으로 옮길 수 있다는 잠재력을 높이 평가받은 것이다.

미국에서 먼저 시작된 이 비즈니스모델은 곧 한국에도 상륙했다. 현재 티몬이 된 티켓몬스터, 위메프가 된 위메이크프라이스 그리고 쿠팡이 2010년 비슷한 시기에 앞서거니 뒤서거니 하며 설립됐다.

이들은 초기 소셜커머스 시장에서 치열하게 경쟁했다. 같은 시기에 비슷한 비즈니스모델을 가지고 비슷한 지역에서 활동했으니 당연한 일이다. 대규모 투자를 유치해 마케팅에 거액을 쏟아부었다. 맥도날드나 도미노피자 같은 대형 프랜차이즈가 30% 할인쿠폰을 뿌린다면, 이 비용의 절반은 소셜커머스 기업이 대는 식이었다. 마치 요즘 배달의민족이나 요기요가 프로모션 마케팅에 거액을 쓰는 것과 비슷한 모습이었다.

그러나 이런 일시적인 할인 이벤트에 의존하는 소셜커머스는 한계가 있었다. 그래서 이들 기업은 차츰 일반적인 전자상거래로 비즈니스모델을 바꿔나갔다. 식당 할인쿠폰뿐 아니라 다양한 의류나 공산품도 판매하게 됐다. 이렇게 되면 다양한 상품을 폭넓게 팔 수 있어 사업 확장에 도움이 된다. 하지만 다른 전자상거래 기업과 차별성이 줄어드는 문제가 생긴다.

이런 상황에서 쿠팡이 들고 나온 것이 '로켓 배송'이었다. 밤 12시 전에 주문하면 그다음날 배송해주는 서비스였다. 물건을 받는 사람이 집에 없을 경우 배송 기사가 정성스러운 문자메시지를 남기는 등 감성적 요소를 더한 것도 인기였다. 배송을 차별점으로 삼아 시장 공략에 나선 것이다. 배송의 강점만이 이유가 된 것은 아니지만 쿠팡은 이제 우리나라 대표 전자상거래 기업으로 자리 잡았다. 연간 로켓 배송하는 물품 개수가 2,300만 개 수준에서 2018년에는 10억 개 수준으로 늘었고, 상품 종류는 몇백 개에서 이제 600만 종 이상으로 늘었다.

*

우리나라 택배 서비스는 세계적으로 볼 때 높은 수준이다. 전국 어디든 이틀이면 주문한 물건이 도착한다. 대체로 빠르고 정확하다. 그러나 여전히 온라인쇼핑의 가장 불편한 점이 택배라는 것도 사실이다. 간혹 물류 처리에 문제가 생기면 배송이 늦어지고, 배송 현황 추적도 제대로 안 되는 일이 벌어진다. 하루속히 받고 싶은 물건의 배송이 지연되면 소비자의 마음은 답답해진다.

배송은 소비자들이 전자상거래 기업과 거래하는 가장 마지막 단계이자, 회사 이미지가 좌우되는 중요한 부분이다. 전자상거래를 제대로 하기 위해서는 다양하고 매력적인 상품을 좋은 가격에 갖추고, 이를 쉽게 검색하거나 찾아보며 필요한 정보를 쉽게 확인하게 해야 한다.

또 저렴한 가격에 안정적으로 제품을 수급하고, 재고 관리를 효율적으로 하는 등 업무가 서로 잘 맞물려 돌아가야 한다. 이런 요소들은 모두 중요하지만, 실제 소비자의 눈에 명확히 보이는 것은 쇼핑몰 사이트의 상품과 디자인, 결제 과정 등 구매 전 단계와 결제 버튼을 누른 후 택배 기사가 집으로 물건을 가져오는 마지막 단계가 된다.

특히 택배로 물건을 받는 마지막 과정은 소비자의 인식과 다음 구매에 큰 영향을 미친다. (물론 제품 수급이나 재고 관리 등의 업무가 제대로 안 되면 상품 출고가 늦어지고 배송이 지연되는 등 소비자 불만으로 이어진다. 소비자가 쇼핑몰 뒤에서 벌어지는 이런 일들에 신경 쓰게 된다면, 그건 이미 쇼핑몰이 제대로 돌아가고 있지 않다는 증거다.) 택배 기사가 물건을 문 앞에 던져놓다시피 두고 가버려 물건을 잃어버렸다는 등의 불만은 전자상거래 기업에 치명적이다.

쿠팡은 로켓 배송으로 이 부분을 공략했다. '쿠팡맨'을 뽑아 직접 고용하고, 전국 곳곳에 물류 센터를 새로 지었다. 택배 회사에 맡기던 물류 업무를 직접 한 것이다. 직접 물류를 다룸으로써 원하는 수준의 고객 서비스를 실행에 옮길 수 있게 됐다. 2014년 27개였던 로켓 배송 센터는 2019년 168개로 늘었다. 대구, 광주광역시, 음성군 등에 축구장 15개에서 22개가 들어갈 만큼 넓은 대규모 물류 센터를 새로 짓겠다는 계획을 연달아 발표하기도 했다.

다른 전자상거래 기업들도 물류를 직접 취급하면 생기는 엄청난 이익을 잘 알고 있다. 하지만 물류 시설을 짓고 배송망을 마련하며 배송 기사를 관리하는 데 막대한 자금과 인력이 투입되기 때문에 못 하는 것이다. 축구장 수십여 개 넓이의 물류 센터를 지으려면 비용이 1,000억 원에서 2,000억 원 이상까지도 필요하다. 그런데 규모의경제(생산량이 늘어남에 따라 평균 비용이 줄어드는 현상)를 일으킬 수준의 물량이 확보되지 않으면, 들어가는 비용이 버는 돈보다 더 많은 상황이 벌어진다. 그래서 물류는 전문 업체에 맡기고 다른 부분에 투자하는 것이다.

반면, 쿠팡은 이런 '합리적인 생각'을 거부하고 과감하게 물류에 투자했다. 쿠팡이 여러모로 모방 대상으로 삼는 아마존 전략을 그대로 받아들인 것이다. 그럼 물류 시스템을 만드는 데 드는 돈은 어떻게 마련했을까?

쿠팡은 국내외 투자사로부터 막대한 금액의 투자를 받았다. 쿠팡의 지분을 받고 대신 자금을 지원하는 것이다. 손정의 회장이 이끄는 일본 IT 대기업 소프트뱅크는 쿠팡의 대표적인 투자사이자 지원사이다. 2015년에는 소프트뱅크로부터 10억 달러, 우리 돈으로 1조 원이 넘는 투자를 받았고, 이어 2018년에도 20억 달러의 추가 투자를 받았다. 지금까지 쿠팡이 유치한 투자 금액은 34억 달러(약 4조 330억 원)에 이른다.

그럼에도 쿠팡은 여전히 적자를 벗어나지 못하고 있다. 2019년 거래액(쿠팡에서 거래된 모든 상품 가격의 총합으로 기업의 실제 매출과는 다름)은 17조 1,000억 원으로 지마켓과 옥션을 운영하는 기존 1위 업체 이베이코리아를 넘어선 것으로 추정된다. 하지만 적자 역시 2018년 1조 1,280억 원, 2019년 7,205억 원에 달했다. 우리나라 1등 전자상거래 기업으로 자리 잡았지만, 여전히 수익성은 의문인 상황이다.

그래서 쿠팡이나 소프트뱅크 같은 외부 투자사가 밑 빠진 독에 물 붓고 있다는 비판도 나온다. 하지만 쿠팡은 소비자 사이에서 1등 기업으로 자리잡으면 자연히 기업의 지속가능성이 높아질 것이라는 입장이다. 성장을 위한 '계획된 적자'라는 설명이다.

배송 분야의 혁신으로 우리는 보다 빠르고 편리하게 쇼핑을 할 수 있게 됐다. 이제 당일 배달을 넘어 새벽 배송까지 등장했다. 야채 등 신선식품을 밤 11시까지 주문하면 다음날 아침 7시까지 문 앞으로 배송해주는 마켓컬리 같은 회사가 대표적이다.

온라인쇼핑이 확산되면서 이마트나 롯데마트 같은 대형마트의 경영이 예전만 못하지만, 그래도 전자상거래가 아직까지 넘보지 못한 영역이 있었다. 바로 야채, 고기, 과일 같은 신선식품이다. 식품은 신선도가 중요한데, 채소를 2~3일 기다려서 살 수는 없는 노릇이다. 더구나 신선식품 배송은 전자상거래 기업에도 엄청난 부담이다. 기저귀나 책 같은 공산품은 상하지도 않고 규격이 대부분 비슷해 보관하기가 좋다. 초기에 전자상거래가 이런 제품을 중심으로 활성화되기 시작한 이유다. 반면 신선식품을 배송하려면 물류 센터와 배송 차량에 냉동 시스템을 만들고 세심하게 관리해야 하는 등 적잖은 투자가 들어간다.

이런 상황에서 신선식품 구매의 불편함을 새벽 배송이라는 방법으로 해결하려는 기업이 등장한 것이다. 장을 직접 보지 않고도 하루만에 문 앞에서 찬거리를 받아볼 수 있는 새벽 배송은 소비자들에게 좋은 반응을 얻었다. 마켓컬리가 인기를 얻자 쿠팡이 비슷한 새벽 배송을 시작했고, 롯데나 이마트 같은 기존의 대형 유통 기업들도 비슷한 서비스에 나섰다.

새벽 배송은 과거 아마존 프라임의 이틀 내 배송이나 쿠팡의 하루 내 로켓 배송과 비슷한 길을 걷고 있다. 적자를 감수하고 막대한 투자를 통해 지금까지 불가능하던 배송을 가능하게 하는 것이다. 소비자는 편리함을 얻지만, 기업은 손해를 감당하며 버텨야 한다. 이때 규모의경제를 만들고 수익을 낼 수 있는 구조를 만들 때까지 버틸 수 있는지가 관건이다.

우리나라 음식 배달 시장을
한 회사가 독점한다고?!

2019년 12월, 요기요를 운영하는 딜리버리히어로는 배달의민족을 운영하는 우아한형제들을 인수한다고 발표했다. 딜리버리히어로는 우아한형제들 기업가치를 40억 달러, 약 4조 7,500억 원으로 평가했다. 2014년 카카오가 포털사이트 다음 인수에 쓴 3조 1,000억 원보다 많고, HDC현대산업개발-미래에셋대우 컨소시엄(협력)이 아시아나항공을 인수할 때 제시한 2조 원의 2배가 넘는다.

우아한형제들 전체 지분의 87%는 외부 투자자들이, 나머지 13%는 김봉진 대표 등 경영진이 갖고 있다. 딜리버리히어로는 외부 투자자가 가진 87%의 지분은 돈으로 사고, 경영진이 가진 13%의 지분은 딜리버리히어로 본사 지분과 맞바꾼다. 김봉진 대표는 아시아 11개 국가의 딜리버리히어로 사업을 관장하고 본사 글로벌 자문위원회 멤버가 됐다. 즉, 우아한형제들 창업자 등 경영진은 아시아 음식 배달 시장에 본격적으로 도전하게 된 것이다.

이 인수합병은 2010년 이후 모바일 시대에 등장한 우리나라

벤처 스타트업의 대표적인 성공 사례로 꼽히는 동시에 큰 우려를 불러일으키기도 했다. 음식 배달 앱 시장 자체가 실질적으로 하나의 기업에 독점되는 것이나 다름없기 때문이다. 한국소비자단체협의회에 따르면 우리나라 배달 앱 시장 점유율은 배달의민족 55.7%, 요기요 33.5%, 배달통 10.8% 정도다. 배달통은 일찍이 딜리버리히어로에 인수됐고, 이번에 업계 1, 2위로 시장의 90% 가까이 차지하는 배달의민족과 요기요가 합병되면서 딜리버리히어로는 국내 배달 앱 시장을 거의 100%나 독점하게 됐다.

음식점은 수수료와 광고, 배달 대행에 비용을 더 지불해야 하고, 결정적으로 소비자와 음식점 주인의 피해로 이어질 것이라는 우려도 있었다. 한 회사가 시장을 독차지하면 소비자나 식당 주인이 불만이 있어도 마땅한 대안이 없어 억지로 그 회사 서비스를 이용해야 하는 상황에 놓이기 때문이다.

이런 문제를 막기 위해 공정거래위원회는 기업 간 인수합병이 시장 독과점으로 이어져 경쟁을 저해하고 소비자에게 피해를 줄 것으로 예상되는 경우 합병을 승인하지 않을 수 있다. 즉, 배달의민족과 요기요의 합병이 없던 일이 될 수도 있다는 이야기다.

공정위는 무려 1년 가까이 심사숙고한 끝에, 2020년 12월 딜리버리히어로가 요기요를 파는 조건으로 우아한형제들의 인수를 허가했다. 딜리버리히어로는 이 조건을 받아들이기로 하고, 요기요 매각을 추진했다. 당초 공정위는 매각 기한으로 6개월을 제시했지만, 상황이 여의치 않아 기간을 6개월 더 연장했다. 결국 GS25 편의점을 운영하는 GS리테일이 요기요를 8,000억 원에 인수하게 됐다.

합병 승인 여부를 놓고 공정위가 고민한 내용은 무엇일까? 그리고 딜리버리히어로가 이 조건을 받아들인 이유는 무엇일까?

독과점 여부는 여러 가지 사항을 종합적으로 고려해 판단한다. 합병 후 경쟁이 얼마나 저하되고 소비자 피해는 얼마나 커질지, 다른 경쟁 기업이 나타날 가능성은 얼마나 줄어드는지 등을 따진다. IT 기업의 경우 소비자에게 무료로 서비스를 제공하는 경우가 많고, 플랫폼은 네트워크효과에 의해 사용자가 늘어날수록 효용이 커진다. 그래서 일반 기업의 독점과는 다른 관점으로 봐야 한다는 의견도 있다. 반면, 합병으로 인해 앱을 이용할 때 실제 비용을 내는 음식점들에 대한 배달 앱의 영향력이 강화되므로 독점 우려가 인정될 것이라는 의견도 있었다.

독점 여부를 결정하는 요소는 또 있다. 기업이 활동하는 시장의 범위다. 배달의민족이나 요기요가 하는 사업이 오직 배달 앱 자체일 뿐이라고 간주하면 두 회사의 합병은 독점을 일으킬 가능성이 크다. 하지만 이들의 성격이 온라인과 오프라인을 연결하는 O2O(Online to Offline)나 전자상거래, 요식업 사업이라고 본다면 시장에서 차지하는 비중은 매우 낮아진다. 자연히 독점 우려도 줄어든다.

이들 배달 앱의 범위를 O2O 사업 등으로 확대하면 음식 배달 외에도 새롭고 다양한 서비스를 접목할 수 있어 소비자가 더 편리해진다. 이처럼 합병을 했을 때 독점의 부작용보다 새로운 혁신을 통한 소비자 이익이 더 크다면 합병이 승인될 수 있다. 실제로 배달의민족은 최근 1인용 간편식이나 가공식품 등을 배송해주는 소량 배달 서비스인 'B마트'를 선보이는 등 일반 물류와 택배로 사업을 확장하고 있다. 이렇게 되면 쿠팡이나 네이버 같은 기업과도 활동 영역이 겹치면서 배달의민족 및 요기요가 시장가격에 영향을 미치는 시장지배력이 낮아진다.

경쟁 기업의 존재 여부도 독과점을 심사할 때 주요 결정 요소가 된다. 우아한형제들은 딜리버리히어로와 합병을 발표하며 국내에서 쿠팡 등 외국자본의 투자를 받은 기업들과 경쟁하고 있다는 사실을 강조하기도 했다. 최근 쿠팡이 음식 배달 서비스 쿠팡 이츠 마케팅에 본격적으로 나서고, 소셜커머스 기업 위메프도 음식 배달 서비스에 나섰다. 네이버와 카카오 등 IT 대기업도 음식 배달 사업을 준비하고 있다.

하지만 공정위는 두 회사가 활동하는 시장은 음식 배달 앱 시장이라고 판단했다. 전화주문을 포함한 전체 음식 배달 시장을 기준으로 독점 여부를 살펴야 한다는 딜리버리히어로의 주장이 받아들여지지 않은 이유는 무엇일까? 배달 앱 이용자의 3분의 2는 무엇을 시킬지 결정하지 않은 상태에서 배달 앱을 이용한다는 조사 결과가 주된 이유였다. 전화주문은 음식 선택에 도움을 줄 수 없다는 점에서 배달 앱과는 다르다. 그래서 공정위는 전화주문이 배달 앱의 경쟁 상대가 될 수 없다고 판단했다. 더구나 배달 앱 사용률은 계속 늘어나는 반면, 전화주문은 줄어드는 추세다.

공정위는 또 배달 앱 시장에 강력한 경쟁자가 새로 등장할 가능성도 낮다고 봤다. 쿠팡 이츠가 한 번에 한 집에만 음식을 배달하는 '한 집 배달'을 내세우고 있지만, 아직 수도권 일부 지역에서만 영업을 하기 때문에 배달의민족의 경쟁 상대가 될 정도로 성장할 수 있을지 미지수라고 본 것이다.

쿠팡 이츠는 시장점유율을 15% 이상으로 끌어올리면서 요기요를 따라잡았다. 오랜만에 의미 있는 수준의 점유율을 가진 신생 업체가 등장한 셈이다. 한편으로는 요기요 점유율이 떨어지면서 배달의민족 점유율이 60% 이상으로 높아지는 상황이기도 하다. 배달 앱 시장에 진짜 경쟁이 벌어지고 있는지 판단하려면 좀 더 시간이 필요할 듯하다.

세계적으로 음식 배달 열풍이
부는 까닭은?

우아한형제들과 딜리버리히어로의 인수합병은 단순히 한국의 잘나가는 온라인 음식 배달 기업을 독일 기업이 인수했다는 정도로 볼 일이 아니다. 독일 회사인 딜리버리히어로가 독일과 유럽을 떠나 아시아에 집중하는 상황을 잘 보여주는 사례이기 때문이다. 그리고 이는 세계적으로 치열한 온라인 음식 배달을 두고 벌어지는 시장경쟁이라는 큰 그림의 일부다.

현재 세계 음식 배달 시장은 지역마다 1~2개 업체로 정리되는 수순을 밟고 있다. 플랫폼 사업은 초기에 비슷한 기업들이 난립해 경쟁하다가 결국 소수 업체의 과점 형태로 남게 되는데, 온라인 음식 배달 시장이 지금 그 과정을 거치는 것이다.

유럽에서는 치열한 경쟁 끝에 예선전이 끝나고 테이크어웨이닷컴과 저스트잇, 우버 이츠, 딜리버루 등의 회사가 최종 승자를 다투는 모습이다. 네덜란드의 음식 배달 앱 테이크어웨이닷컴은 영국 저스트잇을 61억 파운드(약 80억 달러, 9조 2,500억 원)에 인수했다. 딜리버리히어로가 우아한형제들을 인수한 가격의 2배다. 유럽 최대 온라인 음식 배달 기업 저스트잇테이크어웨이가 탄생했고, 이들은 아마존의 투자를 받은 영국 딜리버루와 경쟁한다.

딜리버리히어로는 독일에서 출발했지만 유럽에서는 경쟁에서 밀리고 있다. 딜리버리히어로는 유럽과 아시아, 남미 등 40개 국가에서 28개의 음식 배달 서비스를 운영한다. 베를린에 본사를 두고 있지만, 사업이 가장 잘되는 지역은 중동이다.

이 회사의 2019년 실적을 보면, 유럽에선 손익분기점(투자 비용을 회수하기 위해 필요한 매출액을 의미하며, 매출액이 이 점을 넘으면 이익이 생김)을 맞추고 중동 및 북아프리카 시장에서는 약 6,500만 유로의 수익을 거뒀다. 현재 중동과 북아프리카에서 이곳 환경을 공략한 현지 브랜드 '탈라밧' 등 5~6개의 음식 배달 서비스를 하고 있다. 2019년에는 인도 음식 배달 서비스 기업인 조마토의 아랍에미리트연합(UAE) 사업을 인수하는 한편, 조마토에 5,000만 달러를 투자하기도 했다.

반면, 본고장인 독일 사업은 2018년에 이미 테이크어웨이닷컴에 11억 달러에 매각했다. 독일 사업을 넘기는 대신 테이크어웨이닷컴의 지분 18%를 확보했다. 우아한형제들을 인수할 때와 비슷한 방식이다.

딜리버리히어로가 우아한형제들 인수를 발표한 것은 그로부터 1년 후인 2019년 12월이다. 인수합병을 발표하는 보도자료의 제목에 따르면 '아시아 시장 확장'을 위한 '주요 경영진을 포함한 주식을 갖고 있으면서 경영에 참여하는 주주와의 계약'이라고 한다. 유럽 사업을 점차 정리하고 중동 시장을 바탕으로 성장 가능성이 큰 아시아 시장까지 확대하려는 모습이다.

큰 기업들이 이렇게까지 하는 이유는 무엇일까? 온라인 음식 배달에는 특별한 기술이 필요하지 않아 경쟁자가 많이 유입되며 진입장벽이 낮다. 이런 시장에서는 규모의경제가 큰 역할을 한다. 다시 말하면, 초기에 적자를 감수하면서도 큰돈을 벌어들여 경쟁자를 제압하고 주도권을 확실히 잡는 것이 중요한 시장이다.

배달의민족과 요기요 역시 거액의 외부 투자를 유치하고, 대대적인 마케팅 전쟁을 벌였다. 우리가 배달 앱을 쓰면서 수시로 할인 이벤트를 즐길 수 있는 것은 손해를 무릅쓰고 출혈경쟁 하는 기업들의 마케팅 덕분이다.

음식 배달 앱 사업은 현지에 얼마나 잘 적응하고 적합한 서비스를 제공하는지가 중요한데, 돈을 투자하는 투자자가 반드시 현지인이나 현지 기업일 필요는 없다. 세계 각지의 음식 배달 앱 기업의 배후에 소프트뱅크나 아마존 등 글로벌 IT 대기업이 포진해 있는 것도 이 때문이다.

미국 온라인 음식 배달 1위 기업인 그럽허브(GrubHub) 역시 저스트잇테이크어웨이와 손을 잡았다. 그럽허브는 성장성과 수익성에 대한 우려로 최근 줄곧 매각설이 나돌았다. 음식 배달 서비스 '우버 이츠'를 운영하는 우버와 합병을 시도했으나 성사되지 않았고 결국 저스트잇테이크어웨이와의 합병을 선택했다. 그럽허브를 놓친 우버는 미국 3위 음식 배달 기업인 포스트메이트를 대신 인수했다.

　중국에서는 텐센트와 알리바바를 각각 등에 업고 메이투안과 어러머가 거대 시장을 놓고 싸운다. 시장조사 기업 프로스트앤드설리번은 세계 온라인 배달 음식 시장이 2018년 820억 달러(약 95조 5,000억 원)에서 2025년 2,000억 달러(약 232조 9,600억 원)로 커진다고 했다. 동남아시아에서도 전문 음식 배달 앱이 그랩 등 빅테크 기업의 유사 서비스와 경쟁하며 시장을 키우고 있다.

이런 것도 30분 만에 배달을!?

음식 배달이 일상적인 일이 되고, 배달 라이더들이 많이 생겨난다면 기업과 소비자는 자연스럽게 이런 생각도 할 수 있다. '꼭 음식만 배달해야 할까?' '음식점 메뉴 말고 다른 생활용품이나 먹거리도 배달하면 어떨까?' '동네 장보기도 맡길 수 있지 않을까?'

실제로 배달 서비스는 이제 다른 생활용품, 단거리 물류 등 전자상거래 전반으로 확대되고 있다. 30분 만에 아이스크림이나 고기, 우유, 휴지 같은 생활필수품을 배달해준다는 배달의민족 B마트 서비스가 대표적이다. B마트는 이미 공격적으로 광고를 하고 있으며, 쿠팡도 '마트'라는 이름을 붙여 비슷한 서비스를 시작했다.

세계의 온라인 음식 배달 기업들이 각 지역에서 사활을 건 싸움을 벌이는 이유도 퀵 커머스(Quick Commerce)를 통해 일상 물류까지 빠르게 배송하는 거대한 시장을 새로 만들 수 있다는 기대 때문이다. 이들은 이미 공유주방, 다크 스토어(온라인 주문이 들어온 상품을 직원이 골라 고객에게 배송하는 목적으로만 쓰이는 손님 없는 매장), 생필품 배달 등 물류와 전자상거래 사업으로의 확장을 추진하고 있다.

즉, 음식 배달 시장을 딛고 더 큰 범위의 생활 물류 시장을 주도하기 위해 세계 주요 지역마다 음식 배달 기업들이 서로 통합하며 덩치를 불리고 있다는 이야기다. 모빌리티와 연계된 상거래로의 발전 가능성에 주목한 것이다. 음식 배달을 하는 오토바이 등으로 각 가정까지 이어지는 마지막 배달 경로, 이른바 '라스트 마일(Last Mile)'을 확보할 수 있고, 기존 전자상거래 기업의 파이를 넘볼 만한 전략이 될 수 있다.

전자상거래는 대부분의 생활 물품을 담당할 수 있을 정도로 커졌지만 신선식품이나 급히 필요한 생활용품 등 일상의 가장 밀접한 부분에서는 여전히 불편함 점이 많다. 마켓컬리 등 새벽 배송이 급성장하며 시장의 잠재력을 보여주고 있으나 아직 눈에 띨 수익을 내는 방법은 찾지 못했다.

이 같은 단거리 물류는 배달 음식 사업자들에게 유리한 분야가 될 수 있다. 지역의 퀵 커머스는 동네 편의점이나 슈퍼마켓, 저녁 찬거리를 파는 상점과 경쟁하게 되고, 차량 공유 기업이나 유통 기업이 시장에 본격적으로 들어올 때쯤, 이들은 이미 집집마다 배달을 다니며 동네를 훤히 아는 음식 배달 사업자들과 맞닥뜨릴지 모른다.

차량 공유 기업들이 음식 배달에 나서는 것도 이 때문이다. 동남아시아 대표 차량 공유 서비스인 그랩은 이제 전체 거래량의 절반 이상이 차량 호출이 아닌 음식 배달에서 나온다. 수익성도 음식 배달이 더 높다. 그랩은 2018년 이래 인도네시아, 싱가포르, 말레이시아 등 동남아 8개 국가, 300여 도시로 확장했다. 여기에 공유주방 사업을 펼치고, 식당 등 자영업자를 위한 모바일결제와 금융 서비스까지 시작했다.

우버는 따로따로 있던 차량 공유 앱과 우버 이츠 앱을 합쳐서 앱을 열면 음식 주문과 차량 호출 중 하나를 택하도록 디자인을 바꿨다. 코로나19로 차량 호출 사업은 매출이 급락했지만, 반대로 음식 배달 매출은 급증하는 효과를 얻었다. 2020년 2분기에 차량 호출 분야 거래액은 30억 5,000만 달러로 작년 2분기보다 73% 줄었다. 그러나 음식 배달 분야 거래액은 69억 6,000만 달러로 113% 늘었다. 우리나라에서도 쿠팡이 최근 새로 벌인 사업 중 일반인이 원할 때 할 수 있는 쿠팡 플렉스와 쿠팡 이츠가 있다. 모두 음식 배달과 물류의 결합을 염두에 둔 것이다.

유통업계는 지역을 겨냥한 소규모 물류 허브를 지어 준비하고 있다. GS리테일은 전국에 편의점과 슈퍼마켓 매장을 1만 6,000개 보유하고 있는데, 여기에 요기요 인수로 요기요가 지역 배달 사업을 위해 마련한 지역 소형 물류 센터 60곳을 새로 확보했다. 요기요의 배달 노하우도 얻었다. GS리테일은 앞서 오토바이 배달 대행사 메쉬코리아의 지분을 20% 가까이 인수하기도 했다(여러분은 아마 길에서 '부릉'이라는 배달 오토바이를 많이 보았을 것이다). 지역 주민이 편의점 물건을 걸어서 배달해주는 '우딜(우리동네 딜리버리)'이라는 도보 배송 서비스도 하고 있다. 이런 요소들을 합치면 골목마다 있는 편의점들을 활용해 생활 속 즉시 물류가 가능해진다. 올리브영도 배달 라이더 및 물류 네트워크를 운영하는 바로고와 협력해 배달 서비스를 확대한다.

합병한 딜리버리히어로와 우아한형제들도 비슷한 곳을 바라본다. 딜리버리히어로는 합병 후 자체 배송 네트워크 강화, 다크 스토어와 같은 온디맨드 서비스 확대, 공유주방 진출 등을 꼽았다. 배달의민족은 감자 한 알, 아이스크림 한 통 등 소량 식품과 생필품을 오토바이로 배달하는 B마트를 시작했다. 구 단위로 창고를 지어 사람들이 주로 찾는 물건을 넣어 두고, 배달 요청이 들어오면 바로 보내는 방식이다. 동네마다 작은 물류센터가 들어오는 셈이다.

세계 어디든 스마트폰이 보급되고 인구가 밀집된 곳이라면 비슷한 모습으로 거대한 시장이 열린다. 그래서 주요 지역마다 인수합병이 일어나고 해외 진출이 활발해진다. 인터넷 검색, 스마트폰 OS 그리고 메신저가 사람과 비즈니스를 연결하는 포털서비스 역할을 하고 있는 것이다. 온·오프라인이 통합되는 몇 년 후에는 음식 배달이 차량 호출이나 전자상거래 등과 함께 관문인 포털(Portal)을 놓고 경쟁하는 모습이 예상된다.

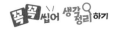

물류 혁신을 가져온 자전거 바퀴의 원리는?

1970년대에 페덱스라는 새로운 택배 회사가 등장했습니다. 1971년 설립된 이 회사는 '허브 앤 스포크(Hub and Spoke)'라는 새로운 물류 방식과 항공 운송 시스템을 내세워 택배 업계에 돌풍을 일으켰지요.

허브 앤 스포크란 자전거 바퀴처럼 하나의 중심축(Hub)을 두고 수많은 바퀏살(Spoke)이 사방으로 뻗어나간 구조를 말합니다. 각지에서 들어오는 상품을 교통의 중심지에 있는 허브 센터에 한데 모은 후, 이를 분류해 비슷한 지역으로 가는 짐을 한꺼번에 다시 옮기는 모습을 상상해 보세요.

쉽게 말해, 수원에서 서울로 보내달라는 요청이 들어온 택배를 수원에서 받아 바로 서울로 배송하는 것이 아니라, 일단 우리나라 중심부에 위치한 충청북도 옥천의 허브 센터로 보낸 후 거기서 다시 서울로 보내는 것입니다. 물건을 받아 바로 수취인에게 이동하는 퀵서비스와 다른 점입니다.

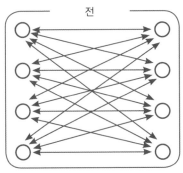

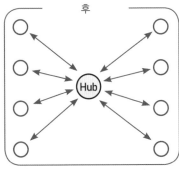

이런 방식을 선호하는 이유는 무엇일까요? 대량으로 물량을 운송함으로써 운송 비용을 낮추고 효율을 높일 수 있기 때문입니다. 바로 앞에서도 배웠던 규모의경제가 가능해지는 것입니다. 건당 운송 비용을 낮춤으로써 고객을 끌어들이고, 한 번에 더 많은 물품을 배송함으로써 비용과 효율을 높일 수 있습니다. 물론 단점도 있습니다. 배송 물량이 충분하지 않다면 직접 목적지로 가는 것보다 효율이 떨어질 것입니다. 물류 시스템이 정교하게 움직이지 않는다면 허브로 갔다가 목적지까지 도착하는 데 시간이 더 걸릴 수도 있지요. 지금은 몸집이 커진 페덱스도 초기에는 물량을 많이 확보하지 못해 적잖은 위기를 넘겼습니다.

허브 앤 스포크 방식은 페덱스를 세운 프레더릭 스미스가 예일대학교 경영대학원 시절 수업에 제출한 보고서 주제를 재구상한 것입니다. 택배 물류 사업을 혁신할 이 아이디어는 당시 교수에게는 좋은 평가를 받지 못했지만, 그는 수업을 들으며 생각한 이 아이디어를 계속 발전시켜 결국 페덱스를 창업하기에 이릅니다.

허브 앤 스포크 방식은 오늘날 대부분의 물류 기업이 채택하고 있습니다. 우리나라에서도 CJ대한통운이나 쿠팡 등 택배 회사들이 모두 이 방식을 따르고 있지요. 여러분의 택배가 종종 사라지는 이른바 '버뮤다 옥천'에서 며칠째 빠져나오지 못하는 것도 허브 앤 스포크 방식 때문입니다. 그러나 이 방식으로 개선된 효율과 속도가 불편함보다 크다는 점은 기억해 둡시다.

여러 나라와 지역을 연결하는 항공 업계에서도 이 방식은 널리 쓰입니다. 입지 조건이 좋은 몇몇 공항을 허브 공항으로 두고, 수많은 항공기와 승객이 이들 공항에 기착해 환승하거나 목적지로 출발하지요. 우리나라를 대표하는 인천국제공항도 아시아 허브 공항으로 발전하기 위해 발돋움하고 있지요!

4부

스마트폰만
터치하면 어느 곳이든
자유롭게!

도시 곳곳을 잇는 마이크로 모빌리티

요즘 길을 다니다 보면 전동 스쿠터를 타고 빠르게 지나가는 사람들을 종종 볼 수 있다. 얼마 전까지만 해도 홍대나 강남 등 번화가 근처에서만 볼 수 있었는데, 이제 동네 곳곳 더 많은 장소에서 눈에 띈다. 이용하는 법은 간단하다. 스마트폰으로 길가에 세워져 있는 공유 스쿠터 잠금을 풀어 운행하고 목적지에 도착한 후에는 길가에 세워 두고 가면 된다. 결제는 앱을 통해 자동으로 이뤄진다. 이러다 보니 길가에 스쿠터가 어지럽게 놓여 있어 미관을 해치고 눈살을 찌푸리게 하기도 한다.

서울 시내에서 많이 볼 수 있는 또 다른 모습으로 자전거 '따릉이'가 있다. 서울시가 운영하는 자전거 대여 서비스로 시내 곳곳에 있는 따릉이 거치대에서 모바일앱으로 잠금을 풀고 탄 후, 목적지 인근 거치대에 따릉이를 가져다 놓으면 이용 시간에 따라 요금이 자동으로 결제된다. 연두색 바퀴 테가 달린 따릉이는 서울 곳곳에서 볼 수 있을 만큼 인기가 높다.

자전거나 스쿠터 같은 보다 작고 개인적인 교통수단이 인기를 끌고 있다. 이런 소규모 교통수단을 흔히 '퍼스널 모빌리티' 또는 '마이크로 모빌리티'라고 부른다. 개인적으로 스쿠터나 자전거를 사서 타고 다니는 사람도 늘었을 뿐만 아니라, 스쿠터나 자전거를 필요할 때 빌려 쓸 수 있는 공유 플랫폼도 생겨났다. 이는 도시교통에 점점 더 많은 영향을 미치고 있다.

현재 도시의 교통은 승용차를 타거나, 지하철이나 버스 같은 대중교통을 이용하는 것을 기본으로 하고 있다. 대중교통이 닿지 않는 곳을 위해 마을버스 같은 좀 더 소규모의 대중교통수단이 있지만 동네 구석구석이나 도시의 이면도로(작은 길) 모든 곳을 연결하지는 못하는 상황이다. 마이크로 모빌리티는 대중교통이 미처 닿지 않고 걷기에는 먼 거리를 가야 할 때 적합하며, 이런 문제를 해결할 수 있는 한 방법이 된다. 승용차나 택시가 우버 같은 차량 공유 서비스에 의해 변화를 맞는 가운데, 그간의 교통 시스템이 해결하지 못한 단거리 위주의 소규모 교통도 공유 플랫폼에서 해결하려는 움직임이 일고 있다. 여기에 자율주행 차량의 일상화를 위한 연구가 활발하게 진행되고 있다. 전기차도 빠르게 시장을 넓혀가고 있다. 승용차, 대중교통, 소규모 교통 등 모든 분야에서 우리의 교통 환경은 근본적인 변화를 겪을 전망이다. 차량 운행이나 교통의 개념에 얽매이지 않는 이동 그 자체, 사람들이 출발지에서 목적지까지 최대한 편리하고 안전하게 갈 수 있도록 돕는 '모빌리티'를 중심으로 패러다임이 바뀌는 중이다.

차량공유 넘어선 모빌리티의 등장

현대의 도시에서 이동은 승용차와 대중교통을 중심으로 이뤄진다. 개인이 소유한 승용차는 대부분의 시간을 주차된 상태로 보내기 일쑤다. 출퇴근 시간처럼 차량이 몰리는 시간, 운전자 한 사람만 탄 승용차들은 도로를 가득 메우며 교통체증의 주범이 된다. 번화가에 주차 공간이 별로 없는 것도 문제다. 버스나 지하철, 택시 등 대중교통이 잘 갖춰지면 좋겠으나, 막대한 투자와 정교한 노선, 운영 노하우가 필요하다.

대중교통 시스템이 잘 되어 있어도 정류장에서 집이나 직장 등 최종 목적지까지 가는, 이른바 '라스트 마일'의 불편함은 어쩔 수 없다. 서울 같은 대도시에서는 버스 정류장이나 지하철역에서 주거 지역까지 연결하는 마을버스가 최종 운송 수단 역할을 하고 있지만 노선이 길고 버스가 자주 오지 않는 경우도 많아 불편을 완전히 해결하지는 못하고 있다.

더구나 도시에 거주하는 인구는 빠르게 늘어나고 있다. 현재

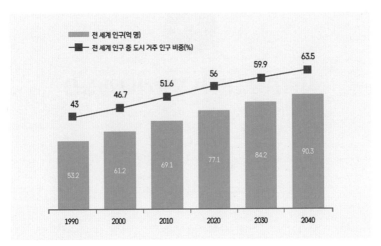

전 세계 인구(억 명)

전 세계 인구 중 도시 거주 인구 비중(%)

	1990	2000	2010	2020	2030	2040
인구 비중	43	46.7	51.6	56	59.9	63.5
인구	53.2	61.2	69.1	77.1	84.2	90.3

(KB금융지주 경영연구소)

지구 전체 인구의 50%가 도시에 거주하는데, 이들 도시의 면적은 지표면의 2%에 불과하다는 추산도 있다. 도시는 전 세계에서 생산된 에너지의 75%를 소비하고, 환경오염의 80%를 유발한다. 교통정보 분석 업체 IRNIX에 따르면, 2014년 미국인이 출퇴근길 교통체증에 갇혀 있는 시간은 연간 평균 42시간에 달했다.

한편 우버와 리프트, 타다 등 차량 공유 플랫폼의 등장으로 승용차와 대중교통을 중심으로 형성된 기존 교통 시스템을 혁신할 수 있다는 가능성이 확인되었다. 이에 따라 최근 교통에 대한 다양한 실험과 시도가 이어지고 있다. 이러한 다양한 관심과 시도들이 모여 '교통'을 넘어 '모빌리티'에 대한 관심이 커지고 있는 것이다. 교통의 개념을 넘어 이동 자체의 성격을 재구성하려는 움직임이다.

우선 눈에 띄는 것은 우버나 리프트 등 온디맨드 차량 공유 서비스가 대성공을 거두고, 이에 자극받아 공유 자전거, 공유 스쿠터 등 개인용 탈것을 활용한 마이크로 모빌리티가 기존 교통 시스템이 해결하지 못한 빈틈을 채우고 있다는 점이다. 자율주행차량 연구가 빠르게 진행되고, 대중의 관심이 커지는 추세가 더해져 이동 수단, 나아가 교통 자체의 혁신이 가능한 시기가 도래했다는 인식이 커지고 있다. 세계 전역에서 급속히 진행되는 도시화와 내연기관으로 인한 환경오염 문제도 환경 친화적인 공유 교통의 필요성을 높인다.

이러한 교통의 변화는 필연적으로 도시의 변화를 가져오고 우리들의 삶에 영향을 미칠 것이다. 현대를 사는 우리들 대부분은 도시에 거주하기 때문이다. 도시의 실핏줄을 더욱 촘촘하고 편리하게 만드는 스마트 모빌리티는 사람들의 삶의 방식을 밑바닥부터 뒤흔들 잠재력을 갖고 있다.

우버나 리프트 같은 온디맨드 승차 서비스의 등장은 차량 운행의 비효율을 해결할 방안을 제시했다. 운전자와 승객을 스마트폰을 통해 실시간으로 연결하고, 원하는 시간에 원하는 곳으로 갈 수 있도록 하는 이동의 자유를 만들었다. 차량을 가지고 운전 서비스를 제공하고자 하는 사람들이 자유롭게 참여할 수 있고, 승객과 기사, 수요와 공급에 따라 가격이 변동되는 차량 공유 서비스의 운영 방식은 기존의 경직된 택시 산업의 약점을 순식간에

파고들었다.

자동차를 활용한 승차 공유 비즈니스가 성공하자, 다른 운송 수단에도 같은 방식을 적용하려는 시도가 이어졌다. 온디맨드 승차 서비스의 범위는 곧 차량에 이어 자전거나 전동 스쿠터와 같은 좀 더 개인적인 운송 수단으로 확장됐다.

온디맨드 승차 서비스의 확산과 함께 사람들은 모바일앱으로 언제 어디서나 탈것을 예약하는 일에 익숙해졌다. 앱으로 자동차를 호출하고 미리 저장한 카드로 자동결제를 하는 데 익숙해진 사람들은 이번에도 앱으로 손쉽게 주변의 자전거나 스쿠터를 찾고, 충전 상태를 확인한다. 자전거 잠금을 풀고 사용 시간에 따라 요금을 낸다. 결제는 자동으로 이뤄지고 목적지에 도착한 후에는 전용 보관소를 찾을 필요 없이 적당한 곳에 세워 둔다.

사람들은 이제 차량으로 움직이기에는 짧고 걷기에는 부담스러운 거리를 일반 자전거나 전기자전거, 전동 스쿠터를 빌려 타고 이동한다. 지하철이나 버스 정류장에서 최종 목적지까지 라스트 마일을 책임지는 수단이 된 것이다. 게다가 이런 퍼스널 모빌리티 기기는 타는 재미가 있고, 가격 부담도 상대적으로 적다. 우리나라 전동 스쿠터 공유 서비스의 경우 약간의 기본요금과 분당 백원 이상의 요금을 매긴다. 지하철 2호선 신촌역에서 연세대 본관까지 약 1.5km의 거리를 20분 걸려 걸어가야 하는 학생들이라면 타고 싶다는 생각이 들 것이다.

기존 승차 공유 기업에게도 이런 마이크로 모빌리티는 좋은 대안이자 보완재가 된다. 이들 승차 기업은 운영 비용을 줄여야 한다. 그러기 위해서는 운행 차량 숫자와 승차 횟수는 늘리고, 가격은 낮춰 규모의경제를 이뤄야 한다. 여기에 마이크로 모빌리티의 역할이 있다. 카풀이나 합승을 통해 대중교통 허브 지역으로 가는 차량 운행을 늘리면 단순한 경로로 더 많은 사람을 날라 가격을 떨어뜨릴 수 있다. 그리고 최종 목적지까지는 스쿠터나 자전거를 타고 가는 것이다.

세계 차량 운행의 50~60%는 이동 거리가 8km 이하라는 점을 생각하면 마이크로 모빌리티의 장점이 더 잘 드러난다. 이동의 전 영역에 걸쳐 부담 없는 가격에 서비스를 제공할 수 있다면 구글이나 네이버가 인터넷 공간에서 사용자의 습관을 장악했듯이 물리적 도시 공간에서의 생활 습관을 장악하는 것도 불가능한 일은 아니다.

이 같은 상황을 반영하듯 전동 스쿠터 중심의 마이크로 모빌리티 분야는 세계 각지에서 우후죽순 생겨난 스타트업들로 가득 찼다. 코로나19 팬데믹 이전 컨설팅 회사 맥킨지 조사에 따르면, 2015년 이후 전 세계 마이크로 모빌리티 기업에 투자된 벤처 자금은 57억 달러에 이른다. 이후 코로나19로 사회적 거리두기와 격리가 시행되면서 마이크로 모빌리티는 큰 타격을 받았으나, 백신 접종 등으로 조금씩 규제가 풀리면서 회복세를 보이고 있다.

미국의 양대 전동 스쿠터 공유 기업인 버드(Bird)와 라임(Lime)은 2017년 초에 설립돼 1년도 되지 않아 유니콘기업(기업가치 1조 원

이상이 넘는 스타트업)으로 성장했다. 중국에는 자전거 공유 업체 오포 (ofo) 창업자가 설립한 빔(beam)이 전동 스쿠터 공유 사업을 벌이고 있으며 남미에서는 서로 경쟁하던 그린과 옐로우가 합병을 선언하고 시장 공략에 나섰다. 이 외에도 셀 수 없이 많은 스타트업이 마이크로 모빌리티 시장에 뛰어들었다.

그만큼 마이크로 모빌리티의 성장성에 대해 국제사회 의견이 같았다는 이야기다. 실제로 서비스 개시 후 첫 100만 건 승차를 달성하기까지 리프트는 61주가 걸린 반면 라임은 단 31주가 걸렸다. 프로스트앤드설리번에 따르면, 세계 마이크로 모빌리티 시장은 약 9.2%의 연평균 성장률을 기록하며, 2020년 2,050만 대에서 2025년 3,190만 대로 늘어날 전망이다.

우버와 리프트 같은 차량 공유 기업도 마이크로 모빌리티에 관심을 보이고 있다. 우버는 라임에 투자했으며, 2018년에는 사업을 시작한 지 2개월 된 전기자전거 공유 업체 점프바이크를 2억 달러에 인수했다. 리프트 역시 미국 최대 자전거 공유 기업인 모티베이트를 2억 5,000만 달러에 인수했다.

자동차 업체들도 마찬가지다. 포드는 2018년 전동 스쿠터 공유 기업 스핀을 1억 달러에 인수했으며, 다임러(Daimler)도 남유럽과 독일에서 전동 스쿠터 공유 사업을 펼치고 있다. GM은 2019년 직접 만든 전기자전거 아리브(Ariv)를 유럽에 선보였고, 테슬라도 전기자전거 사업 계획을 밝혔다.

국내에서도 이 같은 관심은 마찬가지다. 스타트업은 물론 자동차 제조 및 차량 공유 기업들도 전동 스쿠터 중심의 모빌리티 사업에 발 빠르게 뛰어들고 있다.

카카오는 택시 호출과 대리운전 등 운수 서비스와 함께 카카오T 앱에서 전기자전거, 기차, 렌터카까지 교통 서비스 대상을 계속 확대하고 있다. 타다를 운영하는 쏘카도 신촌과 마포 일대에서 주로 활동하는 전기자전거 공유 기업 일레클(elecle)에 지분투자를 했다. 한국교통연구원에 따르면, 국내 퍼스널 모빌리티 시장은 2016년 6만 대, 2017년 7만 5천 대에서 2022년 20만 대 수준으로 커질 전망이다. 현대자동차는 대전 KAIST 캠퍼스에 전동 스쿠터 50대를 두고 학생들이 자유롭게 빌려 타는 시범 사업을 하기도 했다. 이처럼 모빌리티 기업들이 상황에 따라 뭉치고 흩어지면서 온디맨드 차량, 대중교통 그리고 퍼스널 모빌리티를 통합하는 기업이 등장할 전망이다.

우리는 이미 카카오나 네이버 앱에서 지도, 내비게이션, 대중교통 노선 및 운행 시간 등 다양한 교통정보를 활용하고 있다. 우리가 약속 장소에 갈 때 늦지 않을 최적의 이동경로와 교통수단을 알려줄 뿐만 아니라, 자율주행 자동차와 배달 로봇, 드론까지 포괄하는 교통의 새로운 질서가 등장할지도 모른다.

한편, 장밋빛 모빌리티의 세계가 실현되기까지는 장애물이 많은 것도 사실이다. 최근 모빌리티 서비스들은 거치대를 따로 두지 않고 사용이 끝난 후에는 적당한 장소에 모빌리티를 두고 가게 하는 방식을 많이 쓴다. 이는 도시 미관을 어지럽혀 시민과 지자체의 반감을 살 수 있다. 샌프란시스코 등 일부 도시는 1~2개 전동 스쿠터 공유 업체에게만 일정 기간 영업 허가를 주는 방식으로 초기 혼란을 줄이는 방법을 택하기도 했다.

안전에 대한 우려도 끊임없이 제기되지만, 마이크로 모빌리티와 관련된 법규가 아직 명확히 규정되지 않아 당분간 혼선이 이어질 전망이다. 자전거나 전동 스쿠터를 탈 때 헬멧을 반드시 써야 하지만, 짧은 시간 잠시 탈것을 이용하는 사람들에게 헬멧을 지참하라고 하기는 거의 불가능하다. 최근 공유 전동 스쿠터를 탈 때 헬멧을 반드시 쓰도록 법이 개정되었으나 실제 효과가 있을지는 지켜봐야 할 것이다. 또 도로교통법에는 전동 스쿠터가 인도와 자전거도로를 이용할 수 없게 되어 있다. 그러나 시속 20km 전후의 속도로 달리는 전동 스쿠터를 차도에서 타면 더 큰 사고를 당할 위험이 있어 보행자들의 불편을 알면서도 인도에서 타는 경우가 대부분이다.

고의로 자전거나 스쿠터를 집 안으로 가져가거나 위치를 찾을 수 없게 장치를 손상시키는 등의 문제도 이어지고 있다. 이 밖에도 배터리 충전, 부품 관리 등을 효율적으로 하는 방법도 찾아야 한다. 사계절이 뚜렷한 우리나라 지역 특성상, 장마철과 혹한기를 겪으며 기기들이 빨리 노후화될 가능성도 따져봐야 한다.

수익성이 마이크로 모빌리티의 발목을 잡을 가능성도 크다. 서울시 공유 자전거 따릉이는 작은 화면으로 구성된 LCD 단말기 등 고가 부품이 부착되어 있어 대당 가격이 70만 원이 넘는 것으

로 알려져 있다. 하지만 시장이 커지고 경쟁 기업들이 늘어나게 되면 전동 스쿠터 가격은 내려갈 것이고, 기술이나 관리에 노하우가 생기면 비용 문제도 점차 개선될 것이라는 기대가 있다.

모든 이동 수단을 하나로!

미래의 교통은 어떤 모습일까? 또 어떤 모습이어야 할까? 흔히 우리가 '교통'이라고 하면 자동차나 버스, 기차 등 특정한 운송 수단과 연관해 생각하는 경우가 많다. 그러나 사실 가장 중요한 것은 내가 있는 곳 A에서 원하는 지점 B로 이동하는 것, 그 자체다.

차를 가지고 나왔는데 길이 심하게 막히는 경우를 생각해 보자. 고속도로에서는 신나게 달렸지만, 고속도로를 빠져나와 목적지로 가는 시내 도로는 극심한 교통체증을 겪고 있다. 길이 심하게 막히면 승용차보다 기차나 지하철 같은 대중교통수단으로 이동하는 것이 더 빠르다. 그렇다고 차를 버려두고 지하철역으로 뛰어갈 수는 없는 노릇이다. 이동 수단이 도리어 이동의 발목을 잡는 경우라 하겠다. 그렇지만 우버 차량이나 카카오 택시를 타고 있었다면 가까운 지하철역에서 내려 갈아타는 게 가능하다.

아니면 외국의 낯선 도시에 처음 출장 가는 경우를 생각해 보자. 공항에 내려 도심으로 들어가 거래처 사무실로 가야 하는데,

처음 가는 도시라 어떻게 가야 할지 전혀 모른다. 높은 임원이라면 거래처에서 기사와 차량을 보내 모셔갈 수도 있겠지만, 우리 대부분은 그렇지 않다. 목적지까지 택시를 타면 비용이 부담스럽고, 대중교통을 타려니 어떤 경로를 택하는 것이 좋을지 모를 것이다.

이때 어느 구간까지는 택시를 타거나 우버 차량을 호출하고, 어느 지점에 내려 지하철로 갈아탄 다음 어디서 내리고, 걷기 애매하면 역 근처에서 공유 전동 스쿠터를 탈 수 있다고 안내해주는 모바일앱이 있다면 편리할 것이다. 이동 경로에 따른 요금을 미리 비교하고, 사용 요금을 한번에 결제할 수 있다면 더욱 편리할 것이다.

이 같은 종합적인 이동 서비스를 '서비스로서의 모빌리티(MaaS, Mobility-as-a-Service)'라고 한다. 모빌리티, 즉 이동 과정 전체를 하나의 고객 서비스처럼 제공한다는 말이다. MaaS에는 버스와 지하철, 택시, 기차 등 일반 교통수단뿐만 아니라 공유 차량 호출, 공유 자전거나 스쿠터, 렌터카, 주차장 등 이동 과정에 필요한 모든 것이 모두 포함될 수 있다. 모바일앱을 열어 출발지와 목적지, 선호하는 이동 수단 등을 선택하면 최적의 경로와 요금 정보 등을 알려준다.

사용자는 낯선 곳에 있더라도 걱정 없이 이동할 수 있다. 또 승용차를 끌고 나오거나 대중교통을 타고 불필요하게 길을 우회하지 않아도 되기 때문에 효율을 높이고 교통수단으로 인한 환경오염도 줄일 수 있다. 이러한 MaaS는 '이동의 미래'로 여겨지며 많은 관심을 받고 있다.

이런 방식은 이미 부분적으로는 구현되어 있다. 서울 등 대도시에서는 따로 표를 끊지 않고 하나의 교통카드로 버스와 지하철을 갈아타며 이용할 수 있다. 이는 세계적으로도 드문 효율적인 교통 시스템이다. 유럽에 배낭여행을 가면 지하철과 기차 등을 일정 기간 동안 자유롭게 이용할 수 있는 패스를 사서 유용하게 쓸 수 있다. 지하철이나 버스 도착 시간을 알려주는 앱도 많다.

하지만 이런 서비스는 아직 상대적으로 정부가 쉽게 영향을 미칠 수 있는 대중교통 분야에 한정되어 있다. 교통수단 전체를 대상으로 가장 빠른 이동 경로를 제공하는 통합 서비스와는 거리가 있다. MaaS는 바로 이러한 문제를 해결하려 한다.

MaaS에 대한 기대에 불을 붙인 것이 바로 공유 플랫폼의 등장이다. 이들 공유 플랫폼의 등장으로 승용차, 택시, 자전거, 스쿠터 등 다양한 이동 수단을 쉽고 편리하게 이용할 수 있게 되었다. 사람들도 이러한 방식으로 이동하는 것에 익숙해지고 있다. 우리나라의 경우에도 우버와 같은 차량 공유는 규제 등의 이유로 자유롭게 이용하기 어렵지만, 공유 자전거와 스쿠터는 빠르게 확산되고 있다.

이들 플랫폼 기업들은 디지털 기술과 고객 데이터를 잘 활용하기 때문에 사람들이 보다 편리하게 이동하게 할 수 있다. 덕분에 사람들의 이동 경로와 교통 상황, 주변 환경 등을 분석해 더 빠른 경로를 알려줄 수 있다. 공유 플랫폼들이 잇달아 등장하면서 도시의 곳곳을 빈틈없이 연결할 수 있게 된 것이다. 택시, 버스 등을 탈 수 있는 시간과 위치를 알려줌으로써 대중교통 이용률도 높일 수 있다.

MaaS의 미래를 예견하는 또 다른 퍼즐 조각은 요즘 관심이 높은 자율주행 차량이다. 자율주행 기술이 일상에서 쓸 수 있을 정도로 충분히 발전한다면 자율주행 차량을 부담 없는 가격에 대중교통처럼 활용할 수 있을 것이다. 차를 소유하는 대신 필요할 때마다 불러 쓰는 셈이다. 주차 걱정 없이 도심에서 승용차를 탈 수 있게 되는 것이다.

핀란드 헬싱키에서 윔(Whim)은 MaaS를 성공적으로 정착시킨 대표적인 서비스로 꼽힌다. 2016년 문을 연 윔은 기차, 택시, 버스, 공유 차량, 공유 자전거 등 대부분의 교통수단을 하나의 앱 안에서 예약하고 결제할 수 있게 했다. 헬싱키는 2025년까지 '차 없는 도시'를 만든다는 목표를 갖고 있다. 스웨덴 예테보리(고센버그)라는 도시에서는 유비고(Ubigo)라는 MaaS 시범 서비스를 시행하는 동안 차량 등록 대수가 줄었다고 한다. 대중교통 이용이 편리해지자 승용차를 소유할 필요가 줄어든 것이다.

우리나라에서는 카카오가 MaaS 서비스를 확대하고 있다. 카카오T 앱을 운영하는 카카오 자회사 카카오모빌리티는 택시 호출을 시작으로 대리운전, 공유 자전거, 셔틀, 시외버스 등 다양한 이동 수단으로 사업을 넓혔다. 차량 내비게이션과 지도, 주차장 정보까지 제공한다. 카풀 사업을 하려다 택시 업계의 반발로 물러서기도 했다. 최근에는 기차 운행 정보를 제공하고, 승차권까지 예약할 수 있게 했다. 이를테면 전주에 사는 사람이 부산에 갈 때 교통수단을 쉽게 확인하고 비교해 예약까지 할 수 있다.

반도체 기업 인텔도 MaaS에 관심이 많다. 이 회사는 2020년 이스라엘의 MaaS 기업 무빗(Moovit)을 9억 달러, 우리 돈으로 1조 원이 넘는 돈을 주고 인수했다. 무빗은 102개 국가와 3,100개 도시에서 서비스하고 있으며, 사용자는 8억 명에 이른다. 인텔은 앞서 2017년 자율주행을 위한 운전 보조 시스템(ADAS, Advanced Driver Assistance System)을 만드는 모빌아이도 153억 달러에 인수한 바 있다. 우리 돈으로 18조 원에 가까운 금액이다.

자율주행과 MaaS를 결합한 미래 교통을 인텔의 미래 사업으로 보는 이유는 무엇일까? 자율주행 차량에 필요한 각종 센서, 이런 센서가 수집한 데이터와 MaaS 서비스를 통해 얻을 수 있는 각종 사용자 및 교통 데이터를 처리하고 보관하려면 인텔의 반도체가 엄청나게 많이 필요하기 때문이다.

자가용 소유와 대중교통으로 구성된 현대의 교통 시스템은 이제 필요에 따라 상황에 맞는 이동 수단을 적절히 활용하는 일종의 무소유 방식으로 바뀌고 있다. 마치 음악 CD를 더 이상 사지 않고, 음원 파일도 다운로드하지 않고 멜론에서 원하는 음악만 스트리밍해서 듣는 것과 마찬가지다. 싸고 효율적인 '스트리밍 교통' 시대를 MaaS가 앞당기고 있다.

자율주행은 우리 삶을 어떻게 바꿀까?

차량 공유와 플랫폼 경제의 발달에서 비롯된 교통의 변화는 자율주행의 보급과 함께 정점에 이를 것이다. 자율주행은 의심의 여지없이 오늘날 가장 주목받는 기술 중 하나로, 이미 시작된 교통과 이동에 대한 패러다임 변화가 더욱 폭발적으로 빠르게 진행되게 할 것이다. 과연 사람이 직접 운전할 필요 없는 자율주행 차량이 상용화될 수 있을까? 이미 세계적인 IT 기업과 자동차 제조사들이 자율주행 차량 개발에 적극적으로 나서고 있다. 자율주행 차량이 고속도로나 시내에서 시범운행 하는 모습은 실리콘밸리뿐 아니라 우리나라 일부 지역에서도 볼 수 있다.

하지만 아직까지는 자율주행이 실생활에서 안심하고 쓸 수 있는 수준까지 발전하지는 못했다. 그러나 세계 각국의 첨단 기업들이 연구하는 자율주행이 이들이 기대하는 수준으로 일상화되면 사람들의 삶과 사회의 모습은 크게 달라질 것이다. 현대사회의 한 축인 교통과 이동의 방식에 근본적인 변화가 일어난다.

　　우선 교통사고가 크게 줄어들 전망이다. 현재 교통사고로 세계
에서 매년 120만 명 이상이 목숨을 잃고 있다. 자율주행의 최대 장
점으로는 안전을 꼽는다. 주변 상황을 정확히 파악하고 교통 규칙
을 지켜 주행하기 때문에 사고가 크게 줄어든다는 이야기다. 현재
교통사고의 90%는 운전자의 실수로 일어난다. 아무리 주의를 기
울여도 주변 차량이나 보행자를 제대로 못 보는 경우가 생길 수 있
고, 때로는 위험천만하게도 운전 중 졸거나 다른 생각을 하기도 한
다. 위급한 상황이 생겼을 때 반응이 늦어 사고가 생길 수도 있다.
　　하지만 자율주행 차량은 그럴 일이 없다. 자동차 곳곳에 설치
된 카메라와 각종 센서는 지치지 않고 한눈도 팔지 않고 끊임없이

주변을 살피며 문제가 생기면 알려준다. 자율주행 자동차는 주변을 다니는 다른 자율주행 차량과 끊임없이 신호를 주고받으며 안전거리를 유지한다. 테슬라 CEO 일론 머스크가 "사람이 운전하는 것보다 10배 안전한 자율주행 능력을 개발하겠다"라고 말한 것처럼 자율주행은 교통사고로 인한 인명 희생을 크게 줄일 것으로 기대된다. 어린이와 노약자 등 자동차를 운전하기 어려웠던 교통약자들도 이동의 자유를 얻을 것이다.

또 자율주행은 자동차를 운송 수단에서 개인 공간으로 바꿀 것이다. 스스로 운전할 필요가 없다면 우리는 차 안에서 무엇을 할 수 있을까? 사람들 앞에서 발표할 자료를 한 번 더 확인할 수 있고, 책을 읽거나 외국어 공부를 할 수도 있다. 넷플릭스나 왓챠에서 좋아하는 영화를 볼 수도 있다. 아니면 시험공부로 부족했던 잠을 청할 수도 있다. 교통체증으로 꽉 막힌 학생들의 등하굣길, 어른들의 출퇴근 시간이 버려지는 시간이 아니라 나를 위한 생산적인 시간으로 바뀌는 것이다. 미국 교통부에 따르면, 미국에서 자율주행차 보급률이 90%를 넘으면 시간과 비용 절감 효과가 연간 4,400억 달러에 이를 전망이다. 우리 돈으로 500조 원에 가까운 금액이다.

대부분의 차량이 자율주행차로 바뀌면 교통체증은 크게 줄어들 것이다. 차들이 주변 상황에 맞춰 최적의 속도와 거리를 유지하며 운행하기 때문에 도로 흐름이 훨씬 원활해질 것으로 예상되기 때문이다. 미국 캘리포니아주 버클리대학 연구 팀의 2018년 연구에 따르면, 도로 위 차량의 10%만 자율주행 차량으로 바뀌어도 전체 차량의 평균속도가 2배 빨라진다고 한다.

왜 그럴까? 우리가 직접 확인하기는 어렵지만 운전자가 수시로 브레이크를 밟는 것이 교통체증을 일으키는 주범이라는 이야기가 있다. 차선에 차가 끼어들어 앞차가 갑자기 속도를 줄이면 뒤따르던 차도 브레이크를 밟는다. 그 뒤에 오던 차들도 줄줄이 급히 속도를 줄일 수밖에 없다. 이런 영향이 뒤로 계속 이어지면서 교통사고 혹은 공사도 없는데 길이 막히는 '유령 정체' 현상이 일어난다. 게다가 갑자기 차선을 바꾸는 차들도 있고, 차간 거리나 운전자들의 반응속도가 제각각이라 이런 문제를 해결하기는 쉽지 않다.

하지만 자율주행 차량은 교통 상황에 따라 적절한 속도와 거리를 유지하며 주행하기 때문에 이런 문제가 생기지 않는다. 자연히 교통 흐름이 원활해질 것이다.

주차 문제도 상당 부분 해결된다. 차를 갖고 다닐 때의 문제가 번화가에서 주차할 곳을 찾는 일이다. 공간도 부족할뿐더러 요금도 비싸 차를 갖고 나올 염두가 안 난다. 하지만 자율주행 차량이 일상화되면 이런 걱정은 할 필요가 없어진다. 목적지에 도착해 차에서 내리면, 차량은 알아서 다른 곳으로 이동한다. 외곽에 있는 주차장으로 이동해 대기하다 주인 일이 마무리될 때에 맞춰 다시 돌아오면 된다. 차량 공유 플랫폼에서 호출한 차량이었다면 다음 손님이 기다리는 곳으로 이동하고, 이전 손님은 일을 마친 후 다른 차량을 부르면 된다.

이렇게 되면 도시 자체가 달라질 수 있다. 현재 건물이나 상가, 아파트와 주택 등은 모두 주차 공간을 염두에 두고 설계된다. 그러나 주차장이 필요 없어진다면 그 공간을 다른 용도로 활용할 수 있다. 비싼 도심 지역에서 공간의 효율을 높일 수 있는 것이다. 또 도심의 장점이 어디서든 쉽게 갈 수 있다는 점, 즉 '목이 좋다'는 것인데 자율주행이 활성화되면 이러한 접근성의 차이가 많이 사라질 것이다. 자율주행과 MaaS 등을 결합하면 어느 곳이든 편하게 갈 수 있다. 지금은 찾아가기 어려워 외면받는 지역들도 사람이 모이고 활기를 띠게 될 수 있다.

자동차와 관련된 많은 산업 분야들도 영향을 피할 수 없다. 자동차보험의 역할도 크게 달라질 것이다. 자율주행 기술이 발전하면 운전자에 의한 교통사고가 크게 줄어든다. 운전자 책임에 의한 사고가 줄어드니, 교통사고도 10분의 1로 줄어드는 셈이다. 사고에서 운전자의 책임을 따지는 보험료 계산 방식도 달라질 수밖에 없다. 자율주행차가 사고를 낸다면 자동차 주인의 책임이 될지, 자동차 제조사의 책임이 될지도 미지수다. 자율주행을 위한 소프트웨어 및 알고리즘을 만드는 회사와 자동차 제조사(둘은 같을 수도, 다를 수도 있다), 보험사, 자동차 주인, 차량 공유 플랫폼 기업 등이 참여해 새로운 자동차보험을 만들어야 할 것이다. 장기적으로는 자동차보험 산업 전반의 쇠퇴로 이어질 수 있다.

교통사고 환자가 줄어들면 의료계도 영향을 받는다. 환자 입장에서는 의료비 지출이 적어지고, 병원 입장에서는 수입이 일부 사라지는 셈이다.

운수와 물류 업계도 영향을 받는다. 버스나 택시 기사의 수요는 줄어들 것이다. 반면, 차에 오르내리기 불편한 장애인이나 노약자를 위한 승차 서비스 등 특화된 이동 서비스의 수요는 늘어날 것이다. 물류의 큰 부분을 차지하는 대형트럭 운송에도 변화가 예상된다. 대형 육상 물류는 자율주행이 먼저 상용화될 가능성이 큰 분야로 여겨진다. 물류 운송은 고속도로 위주의 단순한 경로로 운행하며, 도심 운전과 같은 예상치 못한 변수를 만날 가능성이 상대적으로 낮다. 더구나 자율주행 트럭은 먹지도, 자지도, 쉬지도 않는다. 당연히 운송 물량과 효율을 대폭 높인다. 반면, 트럭 운전사의 일자리는 불안해진다. 장거리 트럭 운송과 관련된 차량 정비, 휴게소, 숙소 등의 분야도 타격을 받을 전망이다.

　　요약하자면, 자율주행기술의 확산은 이동의 자유를 확대하고, 이에 따라 도시의 모습을 변화시킬 것이다. 친구가 다른 동네로 이사나 전학을 가도 방과후에 어렵지 않게 만날 수 있고, 우리 가족이 살 집을 구할 때 서울을 중심으로 한 수도권지역을 벗어날 수 있다. 앞으로 사람들이 거주지를 정할 때 이사 갈 지역이 얼마나 살기 좋고 공부하기 좋은지, 자연과 일자리 환경이 잘 조성되어 있는지, 지역 특색을 보여주는 콘텐츠가 있는지가 더 중요해질 것이다.

코로나19가 희비 가른 모빌리티 산업

스마트폰 확산과 함께 화려하게 꽃핀 온디맨드 모빌리티 산업은 최근 뜻하지 않은 암초를 만났다. 바로 코로나19 팬데믹이다. 이들 성장의 밑거름이 된 '초연결'이 팬데믹 시기에는 바이러스를 퍼뜨리는 원인이 됐다. 항공산업의 발달, 세계를 무대로 하는 제조 공급망, 에어비앤비 같은 숙박 서비스, 차량 호출 등이 코로나바이러스의 확산을 부추겼다.

특히 모빌리티 등 교통 분야 기업이 직격탄을 맞았다. 꼭 필요한 일이 아니라면 집에 머물고, 학교 대신 온라인수업을 하고, 회사 대신 재택근무를 하니 사람들이 돌아다닐 일이 없어졌다.

우버는 시애틀 등 코로나19 영향을 많이 받은 지역을 중심으로 승차 횟수가 70%까지 줄었다고 밝혔다. 게다가 미국, 캐나다, 런던 등에서는 같은 방향으로 가는 승객 여러 명이 한 차를 타는 '우버 풀' 서비스를 중단했다. 리프트 역시 우버 풀과 비슷한 '셰어드(Shared)' 서비스를 전면 중단했다. 아마존은 쇼핑객이 몰리면서 최대 익일 배송을 자랑하던 '아마존 프라임' 배송 기간이 며칠씩이나 지연됐다.

전동 스쿠터 공유 분야 대표 기업인 라임도 코로나19로 어려움이 가중됐다. 코로나19가 퍼지기 시작하던 2020년 3월 14일, 14만 7,000건이던 라임 스쿠터 이용 횟수가 불과 3일 만인 17일에는 5만 건으로 떨어졌다. 프랑스 파리에서는 98% 감소했다. 상대적으로 수익성이 취약한 마이크로 모빌리티 사업에 그림자가 드리워졌다. 회사들은 인원 감축을 검토할 수밖에 없었다.

위기는 여기서 그치지 않는다. 온디맨드 서비스 플랫폼 위에서 일하는 사람들, 이른바 '긱노동자(Gig Worker)' 또는 플랫폼 노동자에게는 더 심각한 문제로 다가온다. 빅테크 기업 직원들이 안전하게 재택근무를 하는 동안 우버 기사는 감염 위험을 무릅쓰고 일을 하거나, 일이 아예 없어지고 말았다.

이들은 직원이 아닌 프리랜서, 독립사업자로 간주된다. 일을 쉬면 수입도 없다. 기업이 근로자에게 제공해야 하는 의료보험 혜택 등도 해당이 안 된다. 코로나19 의심 증상이 보이면 쉬라는 권고를 받지만, 현실적으로는 병원비가 부담이 된다. 온디맨드 플랫폼 기업들은 항상 이들 운전기사나 배달 종사자를 내부에 있는 직원이 아니라 외부 프리랜서라고 주장해왔다. 코로나19 상황에서 아파서 일할 수 없는 플랫폼 노동자들에게 유급휴가를 주지 않은 이유이기도 하다.

하지만 상황이 장기화되면서 빠르게 플랫폼 노동자를 인정하

고 대우해주는 기업이 늘고 있다. 우버나 리프트 등 차량 공유 기업, 도어대시나 인스타카트 등 배달 대행 기업들은 코로나19에 걸렸거나 자가격리로 일하지 못하는 사람에게 14일 유급휴가를 주는 등 처우를 개선하기 위해 적극적으로 나섰다.

팬데믹이 기회가 된 경우도 있다. 밖에 나가 외식하지 못하니 배달이 늘어났고, 음식 배달 앱에 대한 관심이 높아졌기 때문이다. 우버의 음식 배달 서비스 우버 이츠는 최근 미국 매출이 10% 뛰었고, 우버 이츠 배달을 하겠다는 지원자는 30% 늘었다.

장보기 대행 앱 역시 인기를 끌고 있다. 모바일 시장조사회사 앱토피아에 따르면, 주요 장보기 앱인 인스타카트와 월마트 그로서리의 다운로드 수가 크게 늘었다고 한다. 배달 음식은 아무래도 값이 비싸기 때문에 사회적 거리두기가 길어지면서 장보기 대행 앱 사용이 늘어난 것이다.

아마존과 인스타카트는 각각 10만 명과 30만 명의 신규 인력

계획을 밝혔다. 기업들은 이제 비대면 서비스를 하나의 추세로 받아들인 것으로 보인다. 우버는 당시 트럼프 대통령에게 코로나19 대책에서 플랫폼 노동자들에 대한 지원을 포함해달라고 요청했었다. 지원 대책이 '근로자'에게 집중되는 경향이 있음을 지적하면서 기존의 '근로자'와 '독립사업자'라는 이분법을 벗어나 우버 기사 등을 포함하는 제3의 법적 지위를 논의해보자는 제안이었다.

이처럼 코로나19는 초연결성을 기반으로 급성장한 온디맨드 서비스의 미래에 질문을 던지고 있다. 초연결의 편리함만큼 위험성도 크다는 우려와 함께, 산업 성장기에는 묻혀 있던 종사자 처우 문제도 더 이상 피하기 어려워졌다. 진지한 논의가 필요한 때다. 하지만 각자 집에 격리되어 있는 사람들에게 실제 세계와의 연결 고리를 마련한 것도 역시 이들 온디맨드 기업이었다. 팬데믹 이후 달라질 우리의 삶에서 필요한 것들을 어떻게 찾고 연결해주느냐가 변화의 열쇠가 될 것이다.

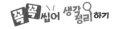

아이와 노인, 자율주행차는 누구를 구해야 할까?

·······························

'트롤리 딜레마'(Trolley Problem)에 대해 들어보았을 것입니다. 철학의 한 분야인 윤리학에서 많이 다루는 일종의 '사고실험'(Thought Experiment)이지요.

트롤리는 철로와 같은 궤도 위를 달리는 일종의 전차입니다. 그런데 트롤리가 운행 중 문제를 일으켜 통제 불능 상태가 되었습니다. 트롤리가 지나가는 선로에는 다섯 명의 인부가 작업 중이었고, 이 사람들이 피하기에는 너무 늦었다고 가정해봅시다. 당신은 선로 옆에 서 있고, 앞에는 선로 교환기가 있습니다. 스위치를 당기면 트롤리가 다른 선로로 궤도를 바꾸며 다섯 명의 목숨을 구할 수 있습니다. 그러나 바뀐 철로 위에도 한 사람이 작업 중이라 이 사람이 목숨을 잃게 됩니다. 당신의 선택은 무엇인가요?

이 문제는 더 많은 사람의 이익을 위해 소수를 희생해도 되는지, 어떤 조건이나 상황 속에서 그런 결정이 정당한지 등의 문제를 따지는 것이라고 할 수 있습니다.

최근 자율주행 차량의 등장이 현실에 가까워지면서, 이 문제에 대한 관심이 커졌습니다. 사람이 개입하지 않는 완전 자율주행 차량이 불가피한 사고 상황에 맞닥뜨렸을 때, 어떤 선택을 내리도록 해야 하는지 결정할 필요가 있기 때문입니다.

자율주행 차량의 선택은 인간의 프로그래밍에 따라 결정됩니다. 자율주행 알고리즘을 짜는 사람들은 생명의 경중 또는 우선순위를 의식적으로 결정해야 합니다.

자율주행 차량의 트롤리 딜레마는 보통 이런 식으로 제시됩니다. '차량이 지나는 길에 갑자기 사람들이 뛰어들었다. 사고는 피할 수 없으며 다만 앞의 세 사람을 칠 것인지, 옆의 바리케이드로 방향을 틀어 차에 탄 사람을 희생시킬 것인지만 결정할 수 있다.' 자율주행 차량은 과연 어떤 방향으로 움직여야 할까요?

미국 MIT 연구진은 2016년 '도덕적 기계'(Moral Machine)라는 제목의 웹사이트를 열어 트롤리 딜레마에 대한 세계 각지 사람들의 의견을 온라인으로 수집했습니다. 탑승자와 보행자의 성별, 나이, 사회적 지위, 교통규칙 준수 여부 등 여러 조건에 따른 13개 시나리오에 대해 의견을 모았습니다. 6개월 동안 233개 국가에서 230만 명이 참여했고, 그 결과는 2018년 과학 학술지《네이처》에 실렸습니다.

설문조사 결과, 대체로 남성보다는 여성을, 성인보다는 어린이를, 소수보다는 다수의 사람을 구해야 한다는 답이 많았습니다. 충분히 예상할 수 있는 결과입니다. 하지만 국가나 문화권마다 차이를 보이는 부분도 있었습니다. 중국이나 일본에서는 젊은이보다 노약자를 살리는 선택을 하는 경향이 컸고, 서구권에서는 보다 많은 사람을 살려야 한다는 응답이 상대적으로 높았습니다. 남미처럼 경제적 불평등이 큰 지역에서는 사회적 지위가 높은 사람을 우선 보호해야 한다는 응답이 많았고, 중국은 보행자보다 승객을 구하겠다는 응답이 가장 많았습니다.

우리는 무엇이 옳은 것인지에 대해서는 문화권마다 기준이 다를 수 있음을 알게 되었습니다. 만약 사회적 지위가 높은 사람을 먼저 구해야 한다는 의견이 강한 국가라고 해서, 실제로 그렇게 프로그래밍한 자율주행 차량을 내놓는 것은 정당할까요? 자율주행차가 보행자를 우선적으로 구해야 한다고 대답한 사람이라도 실제 그렇게 프로그래밍된 차량을 구매할까요?

물론 트롤리 딜레마는 현실적으로 일어나기 어려운 극단적인 경우를 가정합니다. 자율주행 시대에는 차량에 달린 여러 가지 센서, 차량 간 통신, 교통 상황에 대한 빅데이터 분석 등을 통해 이러한 피할 수 없는 사고가 일어날 확률 자체가 극히 낮아질 것이라는 낙관론을 주장하는 사람도 많습니다. 그렇더라도 자율주행 차량의 알고리즘은 모든 경우의수에 대응할 수 있어야 합니다. 가장 인문학적인 윤리 문제가 첨단 자율주행 기술과 만난 셈입니다.

5부

플랫폼 경제,
어떤 문제를 어떻게
해결할까?

기존 질서와 충돌하는 플랫폼 경제

공유경제 또는 플랫폼 경제라 불리는 새로운 흐름은 우리의 삶을 크게 바꿔놓았다. 늘 손에 들고 다니는 스마트폰을 통해 더 많은 사람과 연결되고, 더 많은 일을 더 자유롭고 더 빠르게 할 수 있다. 차도에 서서 한없이 기다리지 않고 쉽게 택시를 부를 수 있고, 스마트폰에서 동네 배달 맛집 정보를 한눈에 보고 클릭 한 번으로 주문할 수도 있다. 여행을 가면 현지 가정집에 머물며 색다른 경험을 할 수 있고, 오늘 주문한 물건을 내일 새벽에 받아볼 수도 있다.

하지만 새롭게 등장한 플랫폼 경제가 사회 곳곳에서 오랜 기간 유지되어 온 기존 질서와 충돌하는 모습을 보이면서, 이런 급격한 변화는 그간 사회의 관행과 질서를 흔들고 사람들의 삶의 기반을 위협하기도 했다. 이 과정에서 많은 갈등도 일어났다. 플랫폼 기업은 과연 혁신기업인지, 혁신이라는 것이 지금까지의 사회질서와 어떻게 조화를 이뤄야 하는지 논란이 거세다. 플랫폼 경제 종사자들의 삶이 악화된다는 우려도 적지 않다. IT 기술 기업들의 플랫폼 서비스로 인한 변화를 어떻게 받아들일 것인지에 대한 고민은 현대의 가장 중요한 과제가 됐다.

우버가 촉발한 차량 공유 사업이 일으킨 논란이 대표적이다. 차량 공유 서비스가 등장하기 전까지 대중교통의 주역은 택시였다. 택시는 흔하게 볼 수 있는 대중교통수단으로, 택시 기사가 되려면 자격 시험을 봐야 하고 개인택시 면허 수는 제한되어 있다. 그래서 암암리에 웃돈을 주고 거래되기까지 했다. 그런데 우버와 같은 승차 공유 플랫폼은 이런 규제와 제약 없이 운영된다. 여러분이 택시 업계 종사자라면 어떨까?

승차 공유 플랫폼의 등장에 택시 업계는 크게 반발할 수밖에 없을 것이다. 택시 업계는 정부의 관리 감독 때문에 제약이 많다. 우리나라와 마찬가지로 대부분의 국가에서도 허가를 받지 않은 차가 돈을 받고 사람들을 태워 이동시키면 불법이고, 택시와 렌터카 등 법이 정한 형식에 따라야 한다. 그러나 나쁜 점만 있는 것은 아니다. 앞에서도 말했듯이, 택시 수를 정부가 관리하기 때문에 무분별한 경쟁이 일어나지 않아 보호를 받는 측면도 있다. 그런데 차량 공유는 이 같은 산업구조를 깨뜨렸다. 교통 관련 법 아래에서 운영되어야 하는데 법을 위반하는 요소가 많기 때문이다. 어떤 문제들이 있을까?

첫째, 국가 혹은 지방정부의 허가를 받은 사업자만 유상 운송을 할 수 있다는 규정에 위반된다. 둘째, 택시 운전을 하려면 정부의 자격 심사를 통과해야 한다는 규정에도 어긋난다. 요금도 운행 대수도 모두 정부가 결정하도록 되어 있는데, 우버의 경우 이를 스스로 결정한 것이다.

그런데 불법의 여지가 많은 우버 등 차량 공유 서비스가 짧은 시간 안에 큰 인기를 얻은 이유는 무엇일까? 우리나라의 경우, 지하철과 버스가 거미줄처럼 도시 곳곳을 연결하고 택시 요금도 상대적으로 저렴한 편임에도, 택시를 이용하는 시민들의 불만이 높은 편이었다. 한편, 대중교통이 불편한 해외 대부분의 국가에서 우버는 대도시에 대중교통 시스템이 등장한 이래 거의 100년 가까이 풀리지 않았던 문제를 대부분 해결했다. 우버는 폭발적인 호응을 얻을 수밖에 없었다.

앞에서 이야기했듯, 기존의 택시 승객은 누가 좋은 서비스를 하는 기사인지 미리 알고 선택할 수 없었다. 우버는 이런 문제를 거의 해결했다. 손님이 별점으로 기사를 평가할 수 있고, 그 별점은 이후 기사의 배차와 영업에 영향을 미치는 것이다. 기존 택시에서는 불만족스러운 서비스를 겪어도 문제의 택시에 불이익이 거의 없었지만, 이제는 승객의 불편이 택시 서비스에 반영될 수 있게 됐다. 기사로서는 최선의 서비스를 해야 할 이유가 생긴 것이다. 또 우버는 기사에게 먼저 배차를 지시하고, 승객이 타기 전까지는 기사가 목적지를 알 수 없기 때문에 승차 거부 같은 불쾌한 일이 생길 수 없다.

즉, 우버가 기사와 승객을 연결하며 가격, 배차, 응대 등 운송 서비스 품질에 영향을 미칠 요소들을 관리하는 플랫폼 역할을 함으로써 택시 문제를 해결했다고 볼 수 있다. 이것이 플랫폼 기업의 순기능이다. 하지만 대중교통의 비효율 문제는 해결했지만, 더 큰 사회적 문제와 논란을 불러일으켰다. 이렇게 기존의 틀 밖에서 새로운 해결 방법이 나온다면 우리는 법을 지키기 위해 이를 막아야 할까, 아니면 상황에 맞게 법을 고쳐야 할까?

수십 년간 유지되어온 법의 테두리 안에서 사업을 하고 있었는데, 갑자기 법을 어기며 사업하는 회사가 나타나 시장을 잠식한다면 누구나 반발할 것이다. 최근 세계 곳곳에서 우버 등 차량 공유 서비스에 반대하는 택시 업계의 시위가 거세게 벌어졌고, 많은 도시에서 우버와 같은 기업들이 금지되거나 새로운 규제를 받게 됐다. 우리나라도 예외는 아니었다. 우버는 형사고발을 당하고 서비스가 금지됐으며, 나중에 관련 법이 어느 정도 정비가 된 후에야 다시 한국 시장에 진출할 수 있었다. 그사이 우리나라 택시 호출 시장은 카카오가 장악해버렸다.

하지만 이 과정에서 과연 소비자 편익이 제대로 관철되었을까? 그리고 기존 법 제도와 신기술에 기반한 새로운 종류의 서비스가 충돌할 때 우리 사회는 어떻게 대응해야 할까? 이 부분들에 대해서는 많은 생각의 여지를 남겼다.

우버는 분명히 기존의 법률, 특히 여객자동차운수사업법에 어긋난 점이 많다. 그런데 대중교통 규제의 근본 목적은 무엇일까? 택시 외에는 아무도 유상 운송을 할 수 없도록 못 박는 것일까?

법의 목적은 대중교통 이용자의 안전을 지키고, 더 편리하고 좋은 서비스를 누릴 수 있게 하는 일이어야 한다.

우버와 같은 승차 공유 플랫폼을 통해 사람들이 더 편리하고 안전하게 이동할 수 있게 되었다면, 이 같은 혁신을 사회에서 받아들일 방법을 찾아야 한다. 소비자들이 적극적으로 이용하고 싶어 한다면 더욱 그렇다. 미국 같은 경우 초기에 많은 논란이 있었지만 서비스를 바로 금지시키지는 않았고, '교통 네트워크 기업(TNC, Transportation Network Company)'이라는 새로운 범주를 만들어 관리하려는 시도를 했다. 호주에서는 차량 공유 기업들이 일정 금액을 택시 업계에 환원하고 두 업계가 공존하는 방식을 택했다.

그러나 우리나라는 새로운 시도를 받아들이기보다는 기존 법률에 따라 서비스를 금지시켰다. 우버가 2013년 국내 서비스를 시작했으나, 서울시는 정부의 허가 없이 사업을 했다며 우버를 고발했다. 또 법의 빈틈을 찾아 국내 기업 쏘카가 시작한 차량 호출 사업 타다도 결국 불법화되어 시장에서 쫓겨나고 말았다.

차량 공유 분야만이 아니다. 에어비앤비 역시 숙박업 자격 요건을 규정한 기존 법제도와 충돌하는 부분이 명확히 해결되지 않았다. 국내 에어비앤비는 법의 회색지대에서 암암리에 운영되고 있다. 중고차 거래, 변호사 법률 상담 분야에서도 플랫폼으로 인한 갈등은 일어난다. 특히 플랫폼 기업이 새로 진입하는 영역이 중소기업이나 소상공인이 활동하던 영역이라면 더욱더 갈등이 깊어진다.

'타다 금지법' 사태

우버가 정부와 다툼을 벌이는 동안 국내 기업에 의한 차량 호출 서비스가 등장했다. 차량 공유 서비스 운영사 쏘카가 선보인 '타다'였다. 타다는 11인 승 승합차를 이용한 쾌적한 서비스로 인기를 모았다. 예상대로 택시 업계는 반발했다. 2018년 시작된 타다는 2~3년간 우리나라 모빌리티 분야의 뜨거운 감자가 됐다.

우버와 같은 차량 공유 플랫폼이 국내에서 영업을 하기 힘든 이유는 앞서 설명한 여객자동차운수사업법 때문이다. '여객 자동차 운수 사업을 하려면 국토교통부 장관의 면허를 받아야 한다'는 내용이다. 면허를 가진 대표적인 사업자가 바로 택시이다.

그런데 타다는 이 조항을 우회하는 방법을 찾아냈다. 렌터카에 대한 예외 규정을 이용한 것이다. 여객자동차운수사업법에는 '렌터카 사업자는 차를 빌리는 사람에게 운전기사를 알선할 수 없다'는 규정도 있다. 이 역시 택시 업계의 입김이 반영된 조항이다. 그래서 방학 때 가족이 여행을 가서 차를

빌리면 일행 중 운전을 잘 하는 사람이 운전해야 한다. 예외적으로 외국인 또는 65세 이상 노인이거나 11~15명이 탑승할 수 있는 승합차일 경우에는 운전기사를 제공받을 수 있다. 단체 관광이나 웨딩카 등 직접 운전이 어려운 상황에서 편의를 주기 위해 만든 조항이지만 법조문에 그런 취지가 적혀 있지는 않다.

타다는 차량을 호출하면 11인승 이상 승합차를 보냈다. 그리고 승객이 차량을 호출해 탈 때 차량 렌트 계약을 맺는 형식으로 서비스를 구성했다. 즉, 모바일앱을 이용해 승객과 회사가 초단기 렌터카 계약을 맺는 것이다. 택시를 타는 것이 아니라 렌터카를 빌려 타는 것이고, 11인승 승합차이기 때문에 운전자를 대신 알아볼 수 있다는 논리였다. 차량은 쏘카가 보유한 승합차를 활용했다. 타다는 넓고 쾌적한 차량과 친절한 기사 서비스, 편리한 호출 등으로 인기를 끌었다.

택시 업계는 우버에 이어 타다에도 반대 의사를 밝혔다. 타다가 법의 허점을 노려 사업을 한다는 주장이었다. 이들은 타다를 고발했고, 타다 경영진은 재판에 넘겨졌다.

11인승 이상 승합차를 렌트할 때 운전사를 제공할 수 있게 한 것은 관광객들의 편의를 위한 예외적 조항이며, 택시처럼 돈을 받고 사람을 태우는 영업을 하도록 여지를 열어 둔다는 취지가 아님은 분명하다. 법의 문구만 살펴보면 위법이 아니지만, 법의 취지를 따지면 위법일 수 있다. 양측 모두 근거를 가지고 첨예하게 주장하는 가운데, 소비자들 역시 타다의 편리함에 초점을 맞추는 사람들과 타다의 꼼수를 비판하는 사람들로 갈렸다. 결국 판단은 법원으로 넘어가게 되었다.

법원은 2020년 2월, 1심 판결에서 타다의 손을 들었다. 타다는 택시 사업이 아니라 렌터카 사업을 했다는 판단이었다. 그러나 이 재판 결과는 의미가 없어졌다. 국회가 법을 고쳐 타다 서비스를 가능하게 한 법의 빈틈을 메웠기 때문이다. 개정된 법률은 차를 렌트해 6시간 이상 사용하는 경우, 또는 공항이나 항만에서 탑승할 경우에만 기사를 알선할 수 있도록 했다.

3월, '타다 금지법'은 국회에서 최종 통과됐다. 결국 타다는 서비스를 중단할 수밖에 없었다.

2년 넘게 이어진 타다 논란은 우리 사회에 생각할 거리를 준다. 소비자의 사랑을 받은 비즈니스가 문제없다는 판단에도 불구하고 새로 만들어진 법률에 의해 일방적으로 사라지는 모습은 적잖이 아쉬움을 남겼다. 정부는 항상 혁신과 규제완화를 외쳐왔지만 실제로는 새로운 시도를 받아들이기보다는 기존 질서를 유지하는 쪽을 택했다.

무엇보다 기술혁신이나 비즈니스 환경의 변화에 의해 기존 질서가 도전을 받을 때 사회는 이를 어떻게 받아들이고, 합리적으로 논의하며 해결해나가야 할 것인지 고민을 하게 했다. 혁신으로 인해 사회가 얻을 이익과, 변화로 인해 생길 희생 중 어느 쪽이 더 클지 판단하고 조화를 이뤄 함께할 길을 찾기에는 아직 우리 사회가 부족해 보인다. 특히 이러한 변화로 삶에 영향을 받는 이해관계자들이 기존 시장에 뿌리 깊게 자리 잡고 있을 때에는 문제는 더욱 어려워진다.

타다가 사라지고 교통 환경이 더 좋아졌을까?

타다가 시장에서 사라지면서 대중교통 환경이 더 좋아졌는지는 의문이다. 우버와 타다가 잇달아 퇴출되면서 우리나라 모빌리티 시장은 카카오가 장악했다. 카카오 자회사 카카오모빌리티가 교통 관련 사업을 하는 것이다. 이 회사는 초기에 카풀 시장 진출을 시도했다가 택시 업계의 격렬한 반발로 물러선 적이 있다. 이후 카카오모빌리티는 택시 업계와 협력해 택시 호출 사업에 집중했다.

카카오모빌리티의 주력은 택시 호출이다. 택시 회사 및 개인택시 기사와 계약을 맺고 카카오T 앱으로 택시를 호출하는 승객과 연결해준다. 곳곳에서 카카오 캐릭터가 그려진 택시를 흔하게 볼 수 있듯이 이미 택시 면허를 1,000개 가까이 보유한 국내 최대 택시 회사다.

현재 카카오T 앱에 가입한 택시 기사는 23만 명, 전체 택시 기사의 90%에 이른다. 카카오T로 택시를 부르는 사용자는 2,800만 명에 달한다. 그렇지 않아도 국민 앱 카카오톡을 등에 업고 유리한 위치에 서 있는데, 우버와 타다 같은 경쟁사들이 규제로 발목을 잡히니 카카오의 모빌리티 사업은 날개를 달았다.

공교롭게도 시장을 장악한 카카오모빌리티는 꾸준히 요금 인상 시도를 하고 있다. 최근에는 웃돈을 얹으면 택시를 우선 배차하는 '스마트 호출' 요금을 기본 1,000원, 야간 2,000원에서 0원에서 5,000원 사이로 변경했다. 요금을 유연하게 조정해 택시가 많은 경우 호출비를 안 낼 수도 있다지만, 보통 스마트 호출은 택시가 안 잡히고 수요가 몰릴 때 한다는 점을 생각하면 요금 인상을 불러오는 셈이다. 여론이 안 좋아지자 카카오는 요금 상한가를 2,000원으로 낮췄으나 얼마 후 서비스를 종료했다.

카카오모빌리티는 택시 기사를 대상으로 유료 요금제도 운영한다. 일정 비용을 내고 요금제에 가입하면 기사가 가고 싶은 방향으로 가는 승객 호출을 우선적으로 받을 수 있고, 실시간 호출이 많은 지역도 확인할 수 있다. '돈 되는 주문'을 몰아주는 셈이다. 하지만 매달 돈을 내야 한다면 부담스러운 금액일 수 있다.

적정 요금이 어느 정도인지는 사람마다 생각이 다를 것이다. 승객과 기사 간 생각도 다르다. 단지 요금이 올랐다 해서 그것이 나쁜 서비스이거나 기업이 잘못된 일을 하는 거라고 볼 수는 없다. 가격이 올라도 그만한 가치가 있다면 계속 쓸 수 있기 때문이다. 스마트 호출 요금이 높아지면 꼭 택시를 탈 필요가 있는 사람이 우선적으로 배차를 받을 수 있다. 반대로 요금이 필요 이상으로 낮아지면 급하지 않은 사람까지 스마트 호출을 이용해 오히려

급하게 택시를 타야 할 사람이 택시를 잡는 데 시간이 걸릴 수 있다. 이렇게 되면 택시 호출 앱의 효용성이 떨어진다.

그러나 가장 중요한 점은 가격이 올라 소비자가 다른 택시 호출 앱을 찾을 때, 뾰족한 대안이 없다는 것이다. 우버는 2021년 4월, SK텔레콤의 자회사 티맵(Tmap)모빌리티와 합작사 우티(UT)를 설립하고 택시 호출 사업을 시작했으나, 사용자가 카카오T의 1% 수준이었다. 타다 역시 뒤늦게 택시 가맹으로 비즈니스 모델을 전환했으나 역시 카카오와의 격차를 좁히기는 어려운 상황이다.

택시 업계는 위협이 될 소지가 있는 우버나 타다 같은 회사를 시장에서 몰아냈다. 카카오모빌리티는 처음에는 택시 업계와 갈등을 빚었으나, 협력을 고민해 택시 호출에 집중하기로 하면서 관계가 개선됐다. 그러나 카카오가 택시 분야에서 차지하는 비중이 커질수록 카카오가 점차 택시 업계를 상대로 수익을 내기 위한 압력을 높일 것이라는 예상은 오래전부터 나오고 있었다. 실제로 경쟁사가 사라지고 카카오를 통한 택시 호출이 일상화되면서, 택시 업계는 카카오에 종속되는 경향이 강해지고 있다.

타다나 우버와 같은 서비스와 공존하면서 변화를 꾀했다면 카카오가 지금과 같은 독과점의 위치에 오르지 않았을 것이라는 아쉬움이 나오는 이유다. 경쟁 구도가 어느 정도 유지된다면 이들 차량 공유 플랫폼 기업들이 기사나 승객을 끌어들이기 위해 더 노력할 수밖에 없기 때문이다. 정부가 변화를 적절히 받아들이기보다는 기존 질서를 유지하는 쪽으로 정책을 추진함에 따라 결과적으로 소비자와 택시 업계 모두 피해를 보게 된 셈이다. 새로운 변화의 흐름을 제대로 다루지 못하면 결국 돌고 돌아 문제는 제자리인 법이다. 정책은 한번 결정되면 사회에 많은 영향을 끼치므로 신중한 접근이 필요하다는 점을 기억해야 한다.

타다 사태는 기술 변화의 흐름이 빨라지는 요즘, 정부가 정책을 어떻게 펼쳐야 할지 생각하게 만들었다. 디지털 기술이 사회와 산업의 거의 모든 영역에 확산되고, 플랫폼 기업의 영향이 계속 커짐에 따라 이런 다툼은 당분간 분야를 바꿔가며 계속 이어질 것이 확실하다. 공유경제 플랫폼에 대해 이해하고, 이를 바탕으로 차분하고 진지한 논의를 해야 할 필요가 있다.

플랫폼 노동자는
아르바이트생일까, 프리랜서일까?

우리가 학교에서 공부를 마치고 사회에 나가면 저마다 직업을 갖게 된다. 자신만의 사업 아이디어로 창업을 하거나 인플루언서, 운동선수, 연예인 같은 특별한 일을 하지 않는다면 대부분은 다양한 형태의 회사에 다니게 된다. 사무실에서 아침 9시부터 저녁 6시까지, 학교나 은행, 관공서나 식당에서 운영 시간에 맞게 근무할 것이다. 병원이나 공장에서 교대로 일하는 경우도 있을 것이다. 모두가 업무 성격에 따라 정해진 시간 동안 일하고 정해진 월급을 받는다. 보람되지만 학생에 비하면 자유도가 떨어질 것이다.

반면, 회사나 조직에 소속되지 않고 개인적으로 일하는 사람들도 있다. 이런 사람들을 프리랜서 혹은 독립사업자라고 부른다. 여러분이 단기로 직업 활동을 하려면 아르바이트생으로 근무해야 하는데 앞서 말한 프리랜서와 아르바이트는 다른 개념이다.

만약 여러분이 주말에 아르바이트로 용돈을 벌고 싶다면 '만 나이'를 따져 봐야 한다. 일을 시작할 수 있는 법정 나이는 만

15세 이상인데, 만 18세 미만까지는 부모님의 동의를 받아야 한다. 청소년근로기준법에 따라 낮 시간에만 일할 수 있으며 성인과 동일하게 시간당 9,160원(2022년 최저시급)을 받을 수 있다. 만 18세 이상이 되면 근무할 수 있는 시간이 더 늘어난다. 근무 중 다치면 산재보상법과 근로기준법에 따라 성인과 동일하게 치료와 보상을 받을 수 있다.

이처럼 아르바이트는 법적으로 시간당 비용이 정해지며 보험이 적용된다. 하지만 프리랜서는 시간을 기준으로 하는 것이 아닌 회사와 정해진 기간 동안만 계약을 맺고 일한다. 자율적으로 스스로 판단해서 일할 수 있으나, 노동법을 포함한 여러 법적인 보호가 약한 편이다. 또 일을 맡기는 회사나 사람이 없으면 수입이 줄어들 수밖에 없다.

그렇다면 우버나 배달의민족 같은 플랫폼에서 일하는 사람들은 직원이나 아르바이트생일까? 아니면 프리랜서일까? 초기에는 이들을 개별적 독립사업자로 여겼다. 플랫폼 기업은 독립사업자로서 '원하는 시간에 원하는 만큼 일할 수 있는 자유'를 이 일의 가장 큰 장점으로 홍보했었다. 우버 기사는 한가한 시간에 운전하며 부업을 할 수 있다. 전문적인 택배 기사가 아닌 사람도 시간이 날 때 쿠팡 배송을 할 수 있다. 음식을 배달하는 라이더 역시 마찬가지다.

이처럼 플랫폼 기업의 서비스를 활용해 그때그때 주어지는 일을 하는 것을 플랫폼 노동이라고 한다. 임시 일자리를 뜻하는 영

음식 배달 기사(라이더)는 원하는 시간에
원하는 만큼 일할 수 있다는 점이
특징이다.

어 단어 '긱(Gig)'을 따서 긱노동자라고도 한다. 긱이란 말은 과거 미국의 재즈 클럽 같은 곳에서 밴드 연주자가 갑자기 필요할 경우 임시로 고용하던 음악인을 부르는 말이었다.

오토바이 배달 기사가 배달의민족이나 요기요 같은 디지털 플랫폼 앱을 통해 배달 요청을 확인하고 식당에 가서 음식을 받고 주문한 고객에게 배달하는 것을 생각하면 이해가 쉽다. 이 경우 배달 기사는 플랫폼 노동을 하는 것이다. 배달의민족이라는 플랫폼 위에서 고객은 주문을 하고, 배달 기사는 주문을 받아 음식을 배달한다. 과거에는 배달 기사가 특정한 중국집이나 피자집에 고용되어 배달 일을 하는 것이 일반적이었다. 하지만 요즘에는 한 가게에 소속되지 않고, 플랫폼을 통해 들어오는 여러 가게의 주문을 받아 일을 한다.

실제로 우버와 같은 차량 공유 플랫폼이나 음식 배달 앱 등은 많은 사람들에게 일을 하고 돈을 버는 기회가 됐다. 활용되지 않던 개인의 자투리 시간과 차량을 활용할 수 있기 때문이다. 우버는 세계 570개 도시에서 운영되며 100만 개 이상의 일자리를 창출한 것으로 추산된다. 쿠팡은 2020년 상반기에 1만 2,277명을 고용했다. 삼성전자, 현대자동차, LG전자에 이어 국내에서 네 번째로 많은 사람을 고용한 것이다. 특히 쿠팡 배송 기사의 신규 고용이 빠르게 늘었다.

그러나 이러한 플랫폼 노동에도 그늘이 있다. 우버 기사나 라이더로 칭하는 우리나라 오토바이 배달 기사들은 독립사업자이기 때문에 기름값, 보험료, 유지보수비, 차량 정비 비용 등을 스스로 내야 한다. 소득이 높아 보여도 이런 비용들을 제하고 나면 실제로 들어오는 돈은 많지 않다. 만약 이들이 회사에 소속되어 있다면 모두 회사가 부담하는 비용이다. 또 직원이나 아르바이트생들이 받는 각종 보험 혜택과 퇴직금도 없다.

택시 회사는 기사들을 모두 직원으로 고용해야 한다. 사고가 날 경우를 대비해서 보험금도 내야 한다. 차량 관리와 유지보수도 꾸준히 해야 한다. 그러나 우버나 리프트 같은 회사는 이런 부담을 모두 기사 개인에게 돌린다. 우버는 독립사업자인 기사와 승객을 잇는 중개 역할을 할 뿐이라고 주장한다. 배달의민족이나 요기요의 배달 기사도 마찬가지다. 우버가 세상 어느 택시 회사보다 많은 차를 운영하면서도 운영 비용은 거의 부담하지 않을 수 있었던 이유다.

플랫폼 노동으로 생활을 꾸려가는 사람이 늘어나면서 문제는 더욱 심각해졌다. 플랫폼 노동은 자유롭게 일할 수 있는 '유연성'을 강조하지만, 실제로는 수많은 플랫폼 노동자가 생계를 위해 전업으로 일하고 있다. 이들은 플랫폼 앱의 호출에 따라 쉬지 않고 일하지만, 사고를 당하거나 몸이 아플 경우 아무런 대책 없이 곤란한 상황에 빠지고 만다. 배달 종사자들이 더 빨리 배달하려고 속력을 높이다가 사고를 당하는 일이 비일비재하며, 노동을 하면서 환경에 의해 생긴 업무상 사고, 즉 산업재해로 인정해 달라고 신청한 건수는 2018년 618건에서 2020년 2,275건으로 네 배 가까이 늘었다.

　그래서 이들 플랫폼 노동자들을 독립사업자가 아닌 직원으로 간주해야 한다는 목소리가 커지고 있다. 처음에는 플랫폼과 긱노동자가 모두 이득을 보는 구조였지만, 플랫폼 사용자가 점점 늘어남에 따라 플랫폼의 힘이 커지고 있기 때문이다. 플랫폼의 영향력이 강해지면서 플랫폼에서 일하는 사람들에 대한 관리 감독도 강해졌고, 이들이 정말로 자율성 있게 일하고 있는가에 대한 의문도 커졌다.

　노동법에 따르면 프리랜서의 경우, 일을 하면서 지휘 감독을 받지 않고 독자적으로 일해야 한다. 또 일을 주는 회사나 사람의 통상적인 업무와는 다른 일이어야 한다. 예를 들어, 쿠키를 만드는 가게에서 판매를 위한 광고 이미지 제작을 외부 디자이너에게 맡기고, 디자이너는 자신의 판단에 따라 작업하는 것이다. 이 기준에 따르면 차량 공유나 배달 기사는 플랫폼 기업의 주장과는 달리 독립사업자로 간주되지 않을 가능성도 크다. 음식 배달을 하는 오토바이 배달 기사는 플랫폼에서 들어오는 주문을 받아 배달하며, 배달 주문 접수와 배달, 배송 등의 전 과정에서 플랫폼 기업의 지속적인 감독을 받는다. 배달 기사들이 현재 식당에서 음식을 받았는지, 배달을 위해 움직이는지, 배달을 마쳤는지 등 실시간 위치 정보도 모두 파악된다. 주문을 거절할 수도 있지만 여러 번 거절하면 이후 좋은 주문을 배정받지 못하기 때문에 플랫폼이 배정하는 업무를 거부하기란 쉽지 않다.

우리가 흔히 이야기하는 노동 관련 제도는 기존의 근로자와 독립사업자 등을 기준으로 만들어졌다. 그러나 갈수록 다양한 형태의 직업이 생겨날 것이고, 이 중 플랫폼 노동은 기존 법 제도 안에서 제대로 다루기가 어려워 논의가 진행 중이다. 플랫폼 기업은 물론, 플랫폼에서 일하는 사람들과 이들의 서비스를 이용하는 소비자 입장도 다르기 때문에 더욱 세심한 논의가 필요하다.

미국의 사례를 보자. 우버와 같은 플랫폼 기업이 탄생한 미국 캘리포니아주는 2020년 플랫폼 노동자를 직원으로 대우해야 한다는 법을 통과시켰다. 이들 플랫폼 노동자들은 위에서 설명한 프리랜서 기준에 부합하지 않는다고 봤기 때문이다. 이에 따라 플랫폼 노동자들은 최저임금 기준을 적용받고 유급휴가도 갈 수 있게 됐다. 반면, 플랫폼 기업의 비용 부담은 큰 폭으로 커지고 소비자 가격도 오를 가능성이 커졌다.

그래서 이들 플랫폼 기업은 주민발의(Ballot Measure)를 통해 캘리포니아주 법을 뒤집으려 했다. 미국에서 의회를 거치지 않고 주민이 직접 법안을 만들어 주민투표로 법을 제정하는 제도이다. 결국 소비자 불편과 일자리 창출 저하 등을 내세워 이 법을 무력화하는 주민발의를 통과시켰다. 플랫폼 기업의 사업과 노동문제 등에 대해 의견이 갈려 첨예하게 대립하는 상황을 잘 보여준 사건이다. 이처럼 세계 각국에서 플랫폼 노동자들의 지위를 놓고 엇갈리는 판결이 계속되고 있다.

우리나라에서는 배달의민족과 요기요 등이 실질적 노사(노동자와 사용자)관계를 인정했다. 따라서 배달 기업은 노동계약과 보상, 안전과 보건 등에서 배달 기사의 권익을 보호해야 한다. 배달 기사들은 노동조합을 설립할 수 있다. 법적으로는 아직 플랫폼 노동자들의 지위가 정해진 것이 아니지만, 플랫폼 기업들이 이들을 직원으로 '간주'하고 이에 따른 혜택을 주기 위해 노력한다는 '자발적 협약'에 해당한다. 플랫폼 노동자의 법적 고용은 피하면서, 고용을 확보하고 비판을 잠재우기 위한 선택이라 하겠다.

플랫폼 알고리즘에 지배당하는
우리의 삶

2021년 6월, 이른바 '새우튀김 갑질 사건'이 일어나 많은 사람들의 안타까움과 분노를 샀다. 쿠팡 이츠를 통해 김밥 가게에서 새우튀김을 주문한 고객이 음식에 문제가 있다며 환불해 달라고 거칠게 요구했고, 이에 스트레스를 받은 오십 대 주인이 뇌출혈로 사망한 사건을 둘러싼 논란이다. 문제의 손님은 전날 주문한 새우튀김 중 한 개가 이상하다며 값을 돌려받았지만, 이튿날 다시 주문한 모든 음식값을 환불받았다. 그리고 '개념 없는 사장'이라는 댓글과 함께 별점 1점을 남겼다. 식당 주인과 고객 사이에 언쟁이 생겨났고, 쿠팡 이츠는 중재 없이 고객의 요구 사항만 지속적으로 식당 주인에게 전달했다.

아마 식당 주인의 스트레스를 더한 것은 고객이 남긴 1점짜리 별점이었을 것이다. 고객과의 다툼은 심심치 않게 일어나는 일이지만, 최근에는 배달 앱이나 포털사이트 검색 결과에 나오는 별점이 가게를 선택하는 중요한 기준이 되기 때문이다. 손님이 식당에

무리한 요구를 하고, 마음에 안 들면 별점을 깎고 악성 댓글을 남기는 일이 종종 일어난다. 별점 하나에 크게 영향을 받는 자영업자들은 곤란해지고 만다.

별점은 제품이나 음식, 서비스나 콘텐츠에 대해 다른 사람들의 평가를 한눈에 볼 수 있는 좋은 수단이다. 영화평이나 맛집 수준을 평가하는 별점 방식은 주요 미디어에서 오래전부터 활용됐다. 우리는 점점 더 많은 곳에서 별점을 볼 수 있게 됐고, 전자상거래로 물건을 사기 전에 꼭 별점과 리뷰를 확인하곤 한다. 그만큼 별점은 긍정적인 역할을 했다.

그러나 가짜 리뷰, 반복적인 비방 댓글 등 여러 문제들이 나타나고 있다. 이렇게 되면 별점이 쓸모없어진다. 플랫폼 운영사들은 악성 댓글이나 리뷰를 막기 위해 많은 노력을 기울이지만 별점이라는 제도가 있는 한 문제는 쉽게 사라지지 않을 것이다.

그러나 이 정도 문제는 어쩌면 사소한 것일지도 모른다. 플랫폼 경제가 확산되면서 별점은 새로운 고민거리를 안겨주었다. 바로 불특정 다수의 많은 사람들의 일과 생활이 별점과 이 별점이 쌓여 만드는 평가에 좌우된다는 것이다. 그리고 별점을 평가하고 참여자들에게 혜택을 주거나 불이익을 주는 알고리즘은 플랫폼 기업만 알고 있다. 우리 삶 전체가 플랫폼 기업의 블랙박스 안에 들어가는 셈이다.

특히 차량 공유 플랫폼이나 배달 앱, 배송 기사 등은 근무환경 특성상 플랫폼 기업의 알고리즘에 더욱 예속될 수밖에 없다. 교통 상황이나 지리적 여건 때문에 실제 거리보다 배달 시간이 많이 걸리는 곳이라도 플랫폼의 알고리즘은 그런 상황을 고려하지 않고 일방적으로 예상 소요 시간을 계산해버린다. 실제로는 15분이 걸리는 거리라도 앱에서 5분으로 제시되면 그 시간을 맞춰야 하는 것이다. 이 시간을 맞추지 못하면 안 좋은 평가를 받고, 이후 수익에도 영향을 받는다. 최근 자주 문제가 되는 배달 오토바이 난폭 운전의 원인에는 이런 문제도 있다.

더구나 플랫폼 위에서 일하는 긱노동자는 대부분 다른 노동자와는 동떨어져 혼자 일하는 경우가 많다. 그러다 보니 수많은 플랫폼 노동자들이 불리한 일에 한목소리를 내기보다는 각각 따로 떨어져 개별적으로 알고리즘의 통제를 받으며 생활하게 된다.

포털사이트에서 검색 관련 알고리즘을 조정하면 블로그 노출이 줄어들어 갑자기 매출이나 방문자가 줄어드는 경우가 있다. 많은 청소년들이 유튜브 크리에이터가 되기를 꿈꾸지만, 어떤 영상이나 채널이 갑자기 뜨거나 가라앉아도 그 이유를 도통 알 수 없는 경우도 많다. 그래서 '알 수 없는 유튜브 알고리즘'이란 말도 있다. 이유에 대한 설명도 거의 없고, 항의할 일이 있어도 전달할 창구를 찾기 힘들다. 알고리즘의 처분에 모든 것을 맡길 수밖에 없는 것이다.

이처럼 대형 플랫폼의 이해관계에 따라 내려지는 결정에 수많은 사람들의 삶이 휘둘리는 것은 과연 정당할까? 그래서 플랫폼의 알고리즘을 공개해야 한다는 목소리가 힘을 얻고 있기도 하다.

공유경제 플랫폼 시대,
우리의 준비는?

공유경제 혹은 플랫폼 경제는 우리 삶의 모습을 크게 바꿔나갈 전망이다. 과거에 당연하게 여겼던 것들이 더 이상 당연하지 않은 시대가 된 것이다.

게다가 코로나19는 플랫폼 경제를 가속화시켰다. 몇 년 후에는 동네 시장이나 마트에 가서 장을 보고 물건을 사는 풍경이 더 이상 일상적인 모습으로 남지 않을 수도 있다. 스마트폰으로 쿠팡이나 마켓컬리에서 주문하고 배달 음식이나 반조리식품을 먹는 것이 일상적인 식사 장면이 될 수도 있지 않을까?

아침에 사무실로 출근해 저녁에 퇴근하는 회사원은 점점 줄어들 것이다. 반면, 플랫폼을 매개로 일을 하거나, 유튜브 크리에이터처럼 자신의 콘텐츠를 플랫폼을 통해 확산하며 돈을 버는 사람들이 늘어날 것이다. 우리가 공유경제 혹은 플랫폼 경제가 무엇인지 이해하고 어떻게 준비해야 하는지 생각해야 하는 이유다.

이 책에서는 차량 공유 서비스 기사나 배달 라이더 등을 주로 다뤘지만, 앞으로는 더 많은 직업이 플랫폼을 매개로 이뤄질 것이다. 전문직도 예외는 아니다. 한 예로, 요즘 법조계에서는 '로톡'이라는 법률 관련 서비스가 논란이다. 로톡은 변호사들이 광고를 올리고, 사용자가 변호사를 선택해 법률 상담을 받는 서비스이다. 그런데 온라인 플랫폼의 특성을 활용해 수임료(책임을 지우고 사무를 처리할 권리를 맡기는 대가로 주는 수수료)와 상담 시간 등이 자세히 적힌 광고를 보고 바로 상담을 하니 실질적으로 중개와 다를 바가 없어진다. 변호사들이 시장에 자신을 내놓고 수임료 경쟁을 해야 하는 것이다.

법에 따르면, 변호사가 아닌 사람이 변호사 영업을 중개하는 것은 불법이다. 법률 브로커를 막기 위한 정책이다. 그래서 변호사협회가 로톡을 형사고발하는 등 반대운동을 적극 펼치고 있다. 하지만 다양한 법률 서비스를 더 저렴하게 받고 싶은 사람들의 마음을 거스를 수 있을까? 의료계도 마찬가지다. 성형수술 정보를 공유하는 앱들이 등장했고, 성형외과들이 이 같은 앱을 통해 홍보를 하려고도 한다. 법조계나 의료계 등 각 분야마다 적절한 절차와 관행이 있어야 하겠지만, 장기적으로 전문직 시장 역시 보다 투명하고 경쟁이 치열해지는 방향으로 갈 전망이다.

최근 코로나19로 늘어난 온라인수업과 재택근무의 경험도 이런 변화를 빠르게 할 것이다. 재택근무를 통해 우리는 반드시 직장에 모여 있지 않고도 많은 일을 할 수 있다는 것을 알게 됐다. 앞으로는 꼭 정해진 곳에 출근하기보다는 어디에 있든 디지털 플랫폼과 디지털 커뮤니케이션 수단을 활용해 필요한 업무를 하는 방식으로 일하는 경우가 늘어날 것이다. 이렇게 되면 기업은 세계 어디서든 우수한 직원을 뽑을 수 있고, 일하는 사람도 지리적 조건에 구애받지 않고 일을 선택할 수 있다.

반면, 기존 직장이 제공하던 안정성은 약해지고, 각 개인은 끊임없이 스스로 역량을 키우며 자신을 알려야 한다. 물론 지금도 모두가 끊임없이 학습과 경쟁을 하고 있지만, 앞으로는 더욱 투명하게 정보가 공개되고 더 치열해질 수 있다. 우리가 앞으로 살아갈 세상은 더 자유롭고 기회가 많지만, 한편으로는 더 촘촘하게 일과 생활에 제약을 받는 곳이 되지 않을까? 좋은 학교나 좋은 회사에 가는 것보다 플랫폼을 통해 자신의 역량을 알리고 가치를 공유할 줄 아는 사람이 되는 것이 더 유리할지도 모른다.

빅테크 플랫폼 규제는 정당할까?

글로벌 플랫폼 기업들이 가장 많은 미국에서도 플랫폼 대기업, 빅테크 기업에 대한 문제의식이 점점 커지고 있다. 미국은 대체로 정부가 기업활동(기업의 경제행위)에 대한 규제를 최소화하고, 개인의 자유와 책임에 문제를 맡기는 성향이 강하다. 하지만 플랫폼 기업들이 이른바 '빅테크' 기업으로 성장하면서 이들의 독점력과 영향력이 무시할 수 없는 수준에 이르렀다는 우려가 커졌다.

현재 미국에서 가장 주목받는 빅테크 기업, 즉 아마존, 애플, 구글, 페이스북, 마이크로소프트 등은 모두 견고한 플랫폼을 구축하고 이를 바탕으로 사업을 확장해나가고 있다. 이들 5대 빅테크 기업의 시가총액은 우리 돈으로 1경 원에 이를 정도인데, 규모가 커질수록 효용도 더 커지는 플랫폼의 특성상 이들 기업은 더욱 무섭게 성장할 것으로 보인다. 이미 IT뿐 아니라 산업과 경제, 정치와 문화까지 다양한 분야에 폭넓은 영향을 미치고 있다. 그렇기에 영향력을 제어할 방법이 필요하다는 주장이 커지고 있는 것이다.

이들 빅테크에 대한 규제를 살펴보면, 대형 플랫폼이 가지는 문제와 이를 해결하기 위한 고민들을 볼 수 있다.

아마존은 자사 플랫폼에 입점한 다른 판매자의 데이터를 활용해 자체 상품을 만든 것이 문제가 됐다. 아마존은 자체적으로 물건을 사들여 소비자에게 판매한다. 또 외부 판매자 역시 아마존 플랫폼에 입점해 물건을 판다. 아마존은 플랫폼을 운영하는 주체로서 플랫폼에서 활동하는 소비자와 판매자에 대한 정보를 자세히 볼 수 있다. 그런데 아마존이 인기가 좋은 외부 판매자 상품들에 대한 데이터를 분석한 후, 이를 바탕으로 자체 브랜드 상품을 만들어 판 것이다. 심판을 보면서 선수로 직접 뛰기까지 한 셈인데 명백히 플랫폼 기업의 힘을 남용한 것이라 할 수 있다.

페이스북은 세계적으로 사용자만 20억 명이 넘는 최대 소셜미디어로서 사람들의 생각과 의견에 큰 영향을 미친다는 점에서 꾸준히 주목받는다. 그러나 가짜 뉴스와 허위 정보 역시 페이스북을 타고 급격히 퍼져나간다는 점이 큰 문제가 되고 있다. 페이스북은 사람들을 연결하는 역할을 하는데, 이것이 가족과 친지와의 교류를 넓힌다는 순기능을 넘어 잘못된 정보를 확대재생산 하는 통로가 되고 만 것이다. 미국 대선 과정에서의 가짜 뉴스, 코로나19에 대한 허위 정보 유포 등이 큰 문제로 꼽힌다. 또 사용자 데이터를 지나치게 악용해 맞춤 광고에 활용하는 것도 문제가 된다.

페이스북은 인스타그램과 메신저 왓츠앱까지 인수해 세계적인 소셜미디어 제국을 건설했다. 미국 정부가 페이스북의 영향력을 낮추기 위해 인스타그램과 왓츠앱 인수를 되돌리는 방안을 검토할 정도다. 페이스북이 미래 경쟁자의 싹을 밟기 위해 이들을 인수했다고 보는 것인데, 이러한 행동은 시장경쟁을 제한하는 행위로 간주되어 반독점법(시장을 지배할 수 있는 기업 지위가 남용되는 것을 방지하고, 부정거래 행위를 규제하도록 한 법률)에 의해 규제받을 수 있다.

애플은 앱스토어가 문제가 됐다. 앱스토어에서 앱을 파는 개발사로부터 수익의 30%를 수수료로 떼기 위해 자체 결제 수단만 쓰도록 강요한 것이 불공정하다는 주장이 제기된 것이다. 앱도 반드시 앱스토어를 통해서만 다운로드할 수 있다. 외부 결제 수단을 사용하면 소비자에게 더 저렴하게 제공할 수 있는데, 애플의 정책 때문에 소비자는 선택의 폭이 줄어든 것이다. 애플은 결국 외부 결제 수단 사용을 허가하고 수수료를 낮추기로 했다.

　자체 앱 마켓인 플레이 스토어를 가진 구글 역시 애플 앱스토어와 같은 이유로 비판을 받는다. 여기에 더해 스마트폰에 구글 앱을 미리 탑재한 채로 판매할 것을 강요한 것이 문제가 됐다. 우리가 쓰는 대부분의 스마트폰은 구글이 만든 모바일 OS 안드로이드를 사용한다. 안드로이드는 무료로 사용할 수 있다. 그러나 구글의 몇 가지 기준을 지켜야 하며, 그중에는 구글 주요 앱들을 반드시 스마트폰에 설치해야 한다는 조건이 있다. 스마트폰을 새로 사면 지메일이나 구글 캘린더, 유튜브 등이 깔려 있는 것은 바로 그 때문이다. 다른 앱들은 구글 플레이에 가서 직접 골라 선택한 후 다운로드하는 과정을 거쳐야 하는데, 구글 앱은 그럴 필요가 없으니 앱 시장에서 공정한 경쟁이 아니라는 우려가 생길 수밖에 없다. 여기에 삼성전자 같은 휴대폰 제조사와 통신사의 기본 앱까지 미리 설치되어 있는 것을 생각하면, 일반 앱 개발사들의 기회는 더욱 줄어들어 공정하지 못한 경쟁을 하게 되는 것이다.

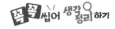

플랫폼 문제 해결, 독점에 대한
관점을 바꾸면 어떨까?

독점은 해롭습니다. 어떤 시장을 한 기업이 독차지하면 그 기업은 가격을 마음대로 올릴 수 있기 때문입니다. 경쟁자가 없으니 더 좋은 서비스를 할 필요도 없고, 소비자의 기호에 맞는 새로운 제품을 만드는 데도 소홀해집니다. 결국 소비자는 더 불편해지고 독점기업의 힘은 더 커집니다.

그래서 모든 국가는 독점을 규제하고 경쟁을 활성화하는 정책을 펴는 것을 기본 원칙으로 하고 있습니다. 우리나라에서는 공정거래위원회가 관련 업무를 합니다. 앞서 살펴보았듯이, 배달의민족과 딜리버리히어로의 인수합병이 요기요 매각을 조건으로 허가된 것도 배달 시장에 독점기업이 나타나지 않도록 하기 위함이었습니다.

미국은 특히 일찍부터 반독점 문제를 심각하게 다뤄온 나라입니다. 미국 최대 부자 중 한 명인 존 록펠러가 일군 석유회사 스탠더드오일은 미국 시장의 90% 이상을 장악했으나, 1911년 반독점법에 의해 수십 개의 회사로 갈라졌습니다. 엑슨모빌, 셰브론 등 유명한 글로벌 정유 기업들이 바로 이때 갈라져나온 회사들입니다. 전화를 발명한 그레이엄 벨이 설립한 전화회사 벨도 1982년 8개의 회사로 분리되었습니다.

그런데 회사가 크고 시장점유율이 높다고 무조건 반독점으로 규제해야만할까요? 품질이 좋고 가격이 낮은 제품으로 소비자의 선택을 받았다면 큰 문제가 되지 않는다는 생각이 최근 수십 년간 미국 독점 정책의 기본 원리였습니다. '소비자 후생'이 최우선이라는 것이지요. 독점기업이 이윤을 독차지하면, 이 시장을 노리고 다른 경쟁자가 나타나 독점기업의 지위를 흔들 것이라는 생각입니다.

그래서 최근에는 스탠더드오일이나 벨 같은 대형 반독점규제는 드물어졌습니다. 이런 가운데 디지털경제의 선두주자로 아마존이나 페이스북, 구글, 애플 같은 플랫폼 기업이 등장해 무섭게 성장했습니다. 이들은 전자상거래나 소셜미디어, 모바일 소프트웨어 시장 등을 거의 독점하다시피 했습니다.

그런데 여기에 소비자 피해만 있다고 할 수는 없습니다. 아마존에서는 그 어느 곳보다 싼 물건을 살 수 있고, 페이스북이나 구글 검색은 공짜입니다. 애플 앱스토어는 모바일 앱을 쉽고 편리하게 설치할 수 있게 합니다. 이들은 분명 세상을 더 편리하게 했습니다.

하지만 정말 문제가 없었을까요? 아마존은 아마존에서 물건을 파는 상인들에게 끝없는 가격인하 경쟁을 강요하고, 구글은 자사 서비스를 검색 결과 상단에 노출하게 합니다. 페이스북에 쌓인 수많은 사용자 개인정보는 자신도 모르는 사이에 마케팅과 광고에 쓰입니다.

그래서 독점에 대한 관점을 바꿔야 한다는 주장이 힘을 얻고 있습니다. 소비자 후생을 단지 가격뿐 아니라 다양한 관점에서 따져봐야 한다는 것이지요. 소비자에게 공짜 쿠폰을 주면서 자사 플랫폼에서 활동하는 판매자들에게 마케팅 비용을 떠넘기는 것은 아닌지, 사용자들에게 무료 서비스를 이용하게 하면서 사용자 데이터를 교묘하게 악용하는 것은 아닌지 등을 살펴야 한다는 이야기입니다. 앞으로 경쟁자가 될 잠재력이 있는 회사를 초기에 미리 인수해 경쟁의 싹을 잘라버리는 행위도 엄격하게 감독할 전망입니다. 페이스북이 2012년 당시 매출도 얼마 안 되던 직원 열세 명의 회사 인스타그램을 10억 달러에 사들인 것이 대표적입니다.

미국 바이든 대통령은 최근 독점에 대한 이러한 새로운 접근법을 제시한

32세의 젊은 여성 법학자 리나 칸을 우리나라 공정거래위원회에 해당하는 연방거래위원회(FTC) 위원장으로 임명했습니다. 칸 위원장은 '소비자 후생 증진을 법 집행 기준으로 삼는다.'라는 FTC의 방침을 폐기하기로 했습니다.

　새로운 관점의 반독점 정책이 현실화되면 빅테크 플랫폼 기업들도 적지 않은 영향을 받을 전망입니다. 당장 페이스북이 인스타그램과 왓츠앱을 다시 분할할 수도 있다는 예측도 나옵니다.

책을 쓰는 작업을 마무리하는 지금도 플랫폼 기업에 대한 관심은 점점 커지고 있습니다. 우리나라는 물론이고, 세계 어디서나 마찬가지입니다. 국내에서는 네이버, 카카오, 쿠팡 같은 회사들을 놓고 많은 논란이 벌어지고 있습니다. 아마존, 애플, 구글, 페이스북 같은 세계적인 회사들이 성장하는 과정에서 미치게 될 안 좋은 영향을 어떻게 줄일 수 있을지, 그러면서도 혁신을 늦추지 않을 묘책은 무엇인지 저마다 머리를 싸매고 있습니다.

이미 빠른 속도로 우리 삶의 모든 영역으로 손을 뻗친 플랫폼 기업들은 최근 코로나19를 계기로 더욱 성장 속도를 높였습니다. 사회적 거리두기로 오프라인 활동은 제대로 할 수 없었고, 대부분의 활동을 디지털 기술로 온라인에서 하게 되었기 때문입니다. 학생들은 온라인수업을 하고 직장인들은 재택근무를 했습니다. 음식점은 매장 매출보다 배달 앱을 통한 매출이 더 늘었습니다. 물건은 마트에 가서 사지 않고 전자상거래를 통해 집에서 택배로 받았습니다. 미래의 일로만 생각하던 디지털 세상이 갑자기 현실이 되었습니다.

이런 디지털 세상을 가능하게 하는 플랫폼 기업들이 수익 면에서 가장 큰 혜택을 받았습니다. 매출이 뛰어오르고 주가도 껑충 뛰었습니다. 반면, 온라인 판매를 하는 소상공인, 식당 주인, 오토바이 배달 기사, 택배 기사 등 많은 사람이 플랫폼의 절대적인 영향을 받게 되었습니다. 플랫폼 알고리즘에 따라 일하고, 평가를 받고, 별점에 울고 웃게 되었습니다.

이제 택시 기사와 승객, 식당 주인과 배달 기사 그리고 소비자, 온라인 판매자와 구매자 등 많은 사람의 이해관계가 플랫폼에 얽매이게 되었습니다. 그래서 한때 사람들이 가장 널리 쓰고 가장 사랑하던 기업들이 이제는 '갑질 기업'으로 비난받기도 합니다. 통신 요금 문자 내역에서 해방시켜준 카카오, 친절하고 빠른 배송으로 칭송했던 쿠팡이 이제는 시장 지배자로 불공정행위를 하지는 않았는지 조사를 받습니다.

이런 모습은 역설적으로 그만큼 플랫폼 경제가 사회의 중요한 부분으로 자리 잡았다는 사실을 보여주는 것이기도 합니다. 그리고 플랫폼은 포스트 코로나 시대에도 우리 삶과 일의 중요한 무대가 될 가능성이 큽니다. 1980년대에 개인용 컴퓨터가 등장하고, 1990년대 인터넷이 등장한 이후 세상은 점점 더 빠르고 자유롭게 정보가 흐르는 방향으로 변해왔습니다. 이 흐름은 나라와 나라 사이의 경계를 허물고, 기업과 소비자 사이의 장벽을 무너뜨렸습니다.

쉽게 말해, 인터넷이 없던 예전에는 외국에서 어떤 물건이 유행하는 알기 어려웠습니다. 그 정보를 아는 소수의 무역업자는 해외에서 인기 있는 제품을 들여와 우리나라에서 비싼 값에 팔았습니다. 하지만 요즘에는 누구나 마음만 먹으면 세계 곳곳에서 무슨 일이 일어나는지, 어떤 트렌드가 있는지 쉽게 알 수 있습니다. 외국 제품을 표절하면 바로 논란이 일어납니다. 해외 상품 정보를 많은 사람이 알고 판매에 뛰어들기 때문에 가격 경쟁도 일어납니다.

더 좋은 정보와 콘텐츠를 갖고자 하는 사람도 더 쉽게 정보를 찾을 수 있게 되었습니다. 우리는 유튜브나 페이스북, 블로그에서 전문성과 지식, 또 창의성과 재미를 갖춘 크리에이터를 많이 접할 수 있습니다. 플랫폼을 통해 재능을 가진 개인과 이들의 콘텐츠를 즐기는 우리가 만날 수 있는 것입니다.

현재 시점에서 이러한 자유로운 정보의 흐름이 가장 효율적으로 일어나는 곳이 바로 빅테크 기업의 플랫폼입니다. 소비자들은 이 플랫폼을 통해 많은 이익을 얻었습니다. 판매자(택시 기사, 식당 주인, 쇼핑몰 운영자, 유튜브 크리에이터)들도 새로운 기회를 얻었습니다. 빅테크 기업이 인공지능 알고리즘과 소프트웨어, 데이터 분석, 편리한 사용 환경 등을 통해 플랫폼을 계속 향상시켰기 때문입니다.

하지만 투명하고 자유로운 정보의 흐름은 그만큼 우리들의 삶을 숨 가쁘게 만들 수도 있습니다. 누가 더 잘하는지, 어느 물건이 더 싼지, 어느 가게가 좋은 평가를 받는지 누구나 쉽게 알 수 있기 때문입니다. 플랫폼은 소비자를 붙잡아 두기 위해 플랫폼에서 활동하는 판매자들에게 더 엄격하고 빡빡한 조건을 요구할 것입니다.

'공유경제' '플랫폼 경제'는 우리가 처음 생각했던 것처럼 이상적이고 아름다운 것만은 아닙니다. 그렇다고 비인간적인 착취가 일어나기만 하는 것도 아닙니다. 가장 중요한 것은 자신의 장점을 찾아 적응하면서 세계를 무대로 새로운 기회를 만들어낼 수 있다는 것입니다. 자신의 가치를 한껏 높이고, 이를 바탕으로 자신의 장점을 알릴 방법을 찾아보세요. 나아가 플랫폼에 휘둘리지 않는 수준까지 실력을 키워 보세요. 이것이 아마 앞으로의 세상을 살아갈 청소년들에게 가장 필요한 교훈일 것입니다.

참고 문헌

「공유경제 트렌드 확산에 따른 산업 생태계 변화」, 2015, 하나금융연구소

「공유경제 개념의 변화와 한국의 공유경제」, 정석완, 2018, KDB산업은행

『배달의민족, 우아한형제들』, 곽재민, 2020, 커뮤니케이션북스

『우버 인사이드』, 애덤 라신스키, 박영준 옮김, 2018, 행복한북클럽

『슈퍼펌프드』, 마이크 아이작, 2020, 박세연 옮김, 인플루엔셜

「공유경제의 이론과 실체 그리고 정책적 대응」, 손상영, 2015, 정보통신정책연구원

「The On-Demand Economy Is Growing, and Not Just for the Young and Wealthy」,
Charles Colby and Kelly Bell, 2016, 《Harvard Business Review》

「플랫폼 전략을 논하다(4): 플랫폼과 양면시장 전략에 대한 고찰」, 김진영, 2014, Vertical
Platform

「아마존의 과거와 쿠팡의 현재는 닮아있다」, 엄지용, 2019.01.18., 바이라인네트워크

「공생 프레임에 갇혀 옴짝달싹 못해 : 시험대 오른 공유경제」, 함승민, 2019.02.18.,
《이코노미스트》

「4차 산업혁명은 노동자들에게 '양날의 칼'」, 임지선, 2020.03.17., 《월간중앙》

『에어비앤비 스토리』, 유정식 옮김, 레이 갤러거, 2017, 다산북스

『플랫폼 노동은 상품이 아니다』, 이영주 옮김, 제레미아스 아담스 프라슬, 2020,
숨쉬는책공장

「美 빅테크에 대한 반독점규제 현황 및 파급영향」, 이규환 · 곽윤영, 2021, 한국은행

「글로벌 모빌리티 플랫폼, 이동을 재정의하다」, 류제현 · 정용제 · 송범용, 2021,
미래에셋증권

「플랫폼 운송사업과 택시산업 간 갈등완화를 위한 정책방향 연구」,
최재성 · 이순자 · 김은란 · 김광호 · 백정한 · 성태민, 2020, 국토연구원

「DH는 왜 '요기요' 팔라는 공정위 제안을 받아들였을까… 무한 확장성 지닌 '배민'으로
아시아 공략 노린다」, 홍성용, 2021.02.02., 《매일경제》

「'요기요' 품은 GS리테일, 더 큰 숙제 남았다」, 나원식, 2021.08.18., 비즈니스워치

사진 출처
우버 홈페이지: 14, 56, 61
애플 홈페이지: 29
셔터스톡: 45, 79, 97, 127, 137, 144, 145, 152, 185
쿠팡 홈페이지: 101, 103, 107
타다 홈페이지: 163